U0564024

国网浙江省电力有限公司
电力专业技术人员
职称评审手册
经济专业

国网浙江省电力有限公司宁波供电公司　编

中国电力出版社
CHINA ELECTRIC POWER PRESS

图书在版编目（CIP）数据

国网浙江省电力有限公司电力专业技术人员职称评审手册. 经济专业：2024年版 / 国网浙江省电力有限公司宁波供电公司编. -- 北京：中国电力出版社，2024. 12.
ISBN 978-7-5198-9066-7

Ⅰ. F426.61

中国国家版本馆 CIP 数据核字第 2024ZA8242 号

出版发行：中国电力出版社
地　　址：北京市东城区北京站西街 19 号（邮政编码 100005）
网　　址：http://www.cepp.sgcc.com.cn
责任编辑：雍志娟
责任校对：黄　蓓　张晨荻
装帧设计：郝晓燕
责任印制：石　雷

印　　刷：三河市航远印刷有限公司
版　　次：2024 年 12 月第一版
印　　次：2024 年 12 月北京第一次印刷
开　　本：710 毫米×1000 毫米　16 开本
印　　张：8.25
字　　数：106 千字
印　　数：0001—1000 册
定　　价：88.00 元

国网浙江省电力有限公司电力专业技术人员职称评审手册

经 济 专 业
（2024年版）

编 委 会

主　编　王从波

副主编　李文达　戴琳霄　宋　绮

成　员　方韧杰　于　海　董　萍　罗　炳　朱志东

　　　　忻一健　徐松迪　周锦萍

前　言

职称评审是指对职业人员的职称进行评定和认定的一种制度。职称评审对企业的意义非常重大，它不仅可以提高企业的整体素质和竞争力，还可以激励员工的积极性和创造性，促进企业的发展和进步。通过职称评审，企业可以筛选出具有专业知识和技能的高素质人才，这些人才不仅能够为企业带来更高的效益和利润，还能够提高企业的整体竞争力和市场占有率。同时，职称评审是一种对员工能力和业绩的认可和肯定，它可以激励员工不断学习和提高自己的专业技能，增强员工的自信心和责任感，提高员工的工作积极性和创造性。

因此，为进一步提升公司职称评审工作管理规范，提高公司广大职工职称评审工作开展的及时性和有效性，公司组织专业人员编写了经济专业职称评审申报指导手册，手册从不同职称等级申报原则、评审方式、申报流程、操作说明、考试题库、相关制度等方面进行了详细整理。

本指导手册在编写和审核过程中，得到公司相关人员的大力支持，在此深表感谢！鉴于编写人员水平和时间有限，难免有疏漏、不妥或错误之处，恳请大家批评指正，以便不断修订完善。若内容与上级发布的最新规程、规定有不符之处，应以上级最新的规程或规定为准。

目　录

第一章

初级职称评审申报

第一节　申报原则

（1）根据国家职称制度深化改革需要，经济系列初中级职称实行"以考代评"，一律参加各地方政府组织的全国专业技术人员专业技术资格（执业或职业资格）考试取得。

（2）申报人员应为本单位在职专业技术人员，退休人员不得申报职称。

（3）外单位调入人员，其职称若为具有职称评审权的单位评定或认定的，予以承认；否则，需履行职称评定工作程序，重新评定。

申报资格：

凡遵守中华人民共和国宪法和法律，具有良好的道德品行和业务素质，符合初级经济专业技术资格考试报名条件的经济专业人员，均可报名参加相应级别的考试。

（一）学历要求及年限

凡从事经济专业工作，具备国家教育部门认可的高中（含高中、中专、职高、技校）以上学历，均可报名参加初级经济专业技术资格考试。（计算现有职称取得年限、从事相关专业工作年限的截止时间，均为报考年度的 12 月 31 日）。

（二）考试科目

初级经济专业技术资格考试专业科目设工商管理、农业经济、财政税收、金融、保险、运输经济、人力资源管理、旅游经济、建筑与房地产经济、知识产权等10个专业类别。考生在报名时可根据工作需要选择其一。

第二节 评 审 方 式

经济专业技术资格考试均采用电子化考试方式，应试人员作答试题需要通过计算机操作来完成。

第三节 申 报 流 程

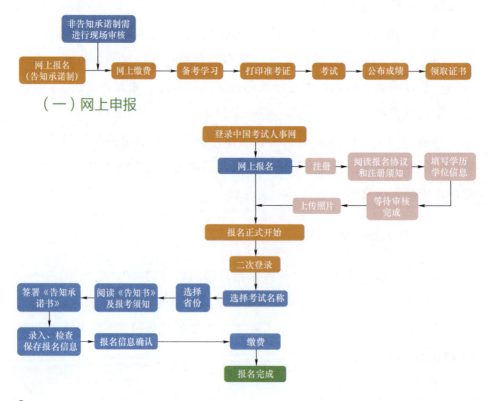

（一）网上申报

1. 网上报名。报考人员登录"中国人事考试网",点击首页"网上报名",进入报名入口。网址:http://www.cpta.com.cn/(外网)。

2. 考生登录。根据是否为"首次使用网报系统报名人员",选择注册或登录。报名前,须完成注册、上传照片、维护学历信息等操作。

3. 报名信息填报及缴费。报考人员可在规定时间内在中国人事考试网报名参加考试的操作。报名时,须认真阅读并知晓《报考须知》等有关内容,在规定时间内提交报名信息并完成交费。

(二)成绩查询及发证阶段

中级经济专业技术资格考试成绩实行 2 年为一个周期的滚动管理方法,应试人员须在连续的两个考试年度内通过全部应试科目,方可取得相应级别经济专业技术资格证书。

中级经济专业技术资格考试合格者,颁发人力资源社会保障部统一印制的经济专业技术资格证书,在全国范围内有效。人力资源管理和知识产权专业分别颁发相应级别的人力资源管理师证书和知识产权师证书。获得中级经济专业技术资格即可认定具备经济师(人力资源管理师、知识产权师)职称。

第四节　系统操作说明

登录及报名

进入中国人事网 http://www.cpta.com.cn/,点击【网上报名】进入"**全国技术人员资格考试报名服务平台**"页面。

（1）考生登录。根据是否为"首次使用网报系统报名人员"，选择注册或登录。

注册指南：

1）新考生选择"新用户注册"，进行个人信息注册和填报。阅读接受资格考试网上报名协议，阅读接受注册须知。

2）在注册页面填写信息（标记*项必须填写）填写完毕确认无误后点击【提交】。

3）进入【学历学位信息维护】,按学信网学信网注册备案表填写信息,并在线核验。

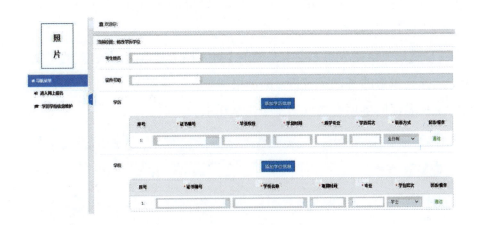

4）点击左侧【报名照片维护】菜单，进入上传照片页面，点击右侧【点击选择图片】按钮，选择要上传的照片。照片上传完成之后，通过审核照片将在照片显示区域显示照片效果，确认无误后输入验证码，单击上传照片按钮进行上传，上传成功后退出操作。

注意：照片需通过照片审核工具审核通过（审核工具需提前下载），审核通过的照片大小在 10K 左右、白底、295px×413px。

（2）考试报名。

1）照片上传完成后，点击左侧的【进入网上报名】，在右侧的考试列表中选择要报考的考试及省份，阅读报考须知，并签署《专业技术人员资格考试报名证明事项告知承诺制报考承诺书》。

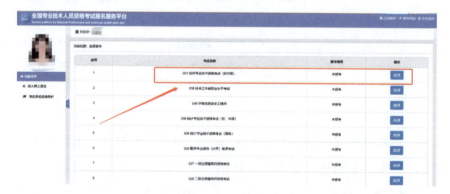

2）进入报名信息维护页面，首先选择报考人员所在地市和核查点，接着选择报考级别和报考专业，选择报考的考试科目，如实填写本人其他

报考信息，带有"*"标识为必填项目；标为灰色的不需要填写。证件类型、证件号码、姓名、报考级别、报考专业以及考试科目的信息。

注意：选择专业后会自动显示两科，要勾选下自己参加考试的科目。可选择考 1 科，也可以选择两科一起考。

3）信息提交。下载并签署《专业技术人员职业资格考试报名证明事项告知承诺书》，如果考生符合报考资格自动核验通过条件，信息确认后，资格审核将自动通过。

（3）缴费并完成报名。报考人员缴费方式一般网上支付。报考人员需登录报名系统选择考试后，在考试状态页面点击【支付费用】，根据页面有关提示进行缴费操作，缴费成功后视为本次报名成功。

第二章

中级职称评审申报

第一节　申　报　原　则

（1）根据国家职称制度深化改革需要，经济系列初中级职称实行"以考代评"，一律参加各地方政府组织的全国专业技术人员专业技术资格（执业或职业资格）考试取得。

（2）申报人员应为本单位在职专业技术人员，退休人员不得申报职称。

（3）外单位调入人员，其职称若为具有职称评审权的单位评定或认定的，予以承认；否则，需履行职称评定工作程序，重新评定。

第二节　申　报　资　格

具备下列条件之一者，可以报名参加中级经济专业技术资格考试：

（1）高中毕业并取得初级经济专业技术资格，从事相关专业工作满10年；

（2）具备大学专科学历，从事相关专业工作满6年；

（3）具备大学本科学历或学士学位，从事相关专业工作满4年；

（4）具备第二学士学位或研究生班毕业，从事相关专业工作满2年；

（5）具备硕士学位，从事相关专业工作满1年；

（6）具备博士学位。

补充说明：

（1）取得房地产估价师、咨询工程师（投资）、土地登记代理人、房地产经纪人、银行业专业人员中级职业资格，可对应中级经济专业技术资格；取得资产评估师、税务师职业资格等相关职业资格，可根据《经济专业人员职称评价基本标准条件》规定的学历、年限条件对应初级或中级经济专业技术资格，并可作为报名参加高一级经济专业技术资格考试的条件。

（2）考试科目。

中级经济专业技术资格考试设《经济基础知识》和《专业知识和实务》两个科目，《经济基础知识》为公共科目，《专业知识和实务》为专业科目。专业科目设工商管理、农业经济、财政税收、金融、保险、运输经济、人力资源管理、旅游经济、建筑与房地产经济、知识产权等10个专业类别。考生在报名时可根据工作需要选择其一。

第三节　评　分　方　式

经济专业技术资格考试均采用电子化考试方式，应试人员作答试题需要通过计算机操作来完成。

第四节　申　报　流　程

（一）网上申报

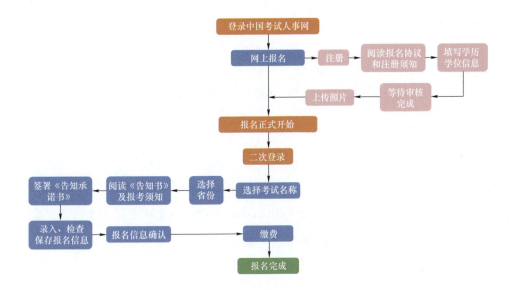

（1）网上报名。报考人员登录"中国人事考试网"，点击首页"网上报名"，进入报名入口。网址：http://www.cpta.com.cn/（外网）。

（2）考生登录。根据是否为"首次使用网报系统报名人员"，选择注册或登录。报名前，须完成注册、上传照片、维护学历信息等操作。

（3）报名信息填报及缴费。报考人员可在规定时间内在中国人事考试网报名参加考试的操作。报名时，须认真阅读并知晓《报考须知》等有关内容，在规定时间内提交报名信息并完成交费。

（二）成绩查询及发证阶段

中级经济专业技术资格考试成绩实行 2 年为一个周期的滚动管理方法，应试人员须在连续的两个考试年度内通过全部应试科目，方可取得相应级别经济专业技术资格证书。

中级经济专业技术资格考试合格者，颁发人力资源社会保障部统一印制的经济专业技术资格证书，在全国范围内有效。人力资源管理和知识产权专业分别颁发相应级别的人力资源管理师证书和知识产权师证书。获得中级经济专业技术资格即可认定具备经济师（人力资源管理师、知识产权师）职称。

第五节 系统操作说明

登录及报名

进入中国人事网 http://www.cpta.com.cn/，点击【网上报名】进入"**全国技术人员资格考试报名服务平台**"页面。

（1）考生登录。根据是否为"首次使用网报系统报名人员"，选择注册或登录。

友情提示

1. 请使用IE浏览器（10以上版本）、谷歌浏览器，或者360浏览器的极速模式、搜狗浏览器的高速模式。

2. 注册前请使用中国人事考试网提供的照片处理工具（点击下载）对照片文件进行处理。未经该照片处理工具处理的照片文件无法用于注册。

3. 准考证打印、成绩查询、证书查验等请访问中国人事考试网。

4. 查看办事指南、视频指引、常见问题、咨询电话。

版权所有：人力资源和社会保障部人事考试中心 京ICP备13013060号-1

注册指南：

新考生选择"新用户注册"，进行个人信息注册和填报。阅读接受资格考试网上报名协议，阅读接受注册须知。

在注册页面填写信息（标记*项必须填写）填写完毕确认无误后点击【提交】。

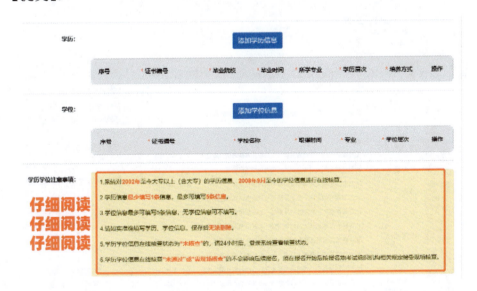

进入【学历学位信息维护】，按学信网学信网注册备案表填写信息，并在线核验。

点击左侧【报名照片维护】菜单，进入上传照片页面，点击右侧【点击选择图片】按钮，选择要上传的照片。照片上传完成之后，通过审核照片将在照片显示区域显示照片效果，确认无误后输入验证码，单击上传照片按钮进行上传，上传成功后退出操作。

注意：照片需通过照片审核工具审核通过（审核工具需提前下载），

审核通过的照片大小在 10K 左右、白底、295px×413px。

（2）考试报名。

照片上传完成后，点击左侧的【进入网上报名】，在右侧的考试列表中选择要报考的考试及省份，阅读报考须知，并签署《专业技术人员资格考试报名证明事项告知承诺制报考承诺书》。

进入报名信息维护页面，首先选择报考人员所在地市和核查点，接着选择报考级别和报考专业，选择报考的考试科目，如实填写本人其他报考信息，带有"*"标识为必填项目；标为灰色的不需要填写。证件类型、证件号码、姓名、报考级别、报考专业以及考试科目的信息。

注意：选择专业后会自动显示两科，要勾选下自己参加考试的科目。

可选择考 1 科，也可以选择两科一起考。

信息提交。下载并签署《专业技术人员职业资格考试报名证明事项告知承诺书》，如果考生符合报考资格自动核验通过条件，信息确认后，资格审核将自动通过。

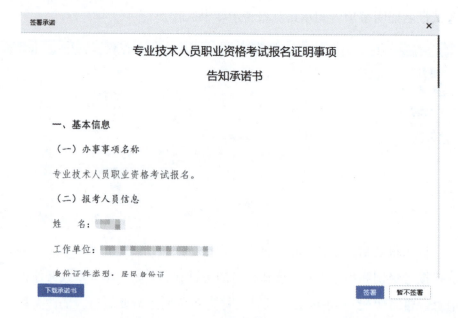

（3）缴费并完成报名。报考人员缴费方式一般网上支付。报考人员需登录报名系统选择考试后，在考试状态页面点击【支付费用】，根据页面有关提示进行缴费操作，缴费成功后视为本次报名成功。

第三章

副高级职称评审申报

第一节 申 报 原 则

（1）公司具备高级经济专业职称评审权，申报者需参加公司统一评审，通过其他机构评审取得不予确认。

（2）电力经济专业划分为计划管理、企业管理、人力资源管理、电力营销管理、物资管理、工程造价管理等六个分支专业。从事经济管理工作的专业人员结合实际岗位申报。

（3）申报人员应为本单位在职专业技术人员，退休人员不得申报职称。

（4）外单位调入人员，其职称若为具有职称评审权的单位评定或认定的，予以承认；否则，需履行职称评定工作程序，重新评定。

（5）对于不具备规定学历或年限要求的申报人员，符合下列条件之一，可破格申报副高级职称：

1）获得省部级科技进步奖、技术发明奖、自然科学奖二等奖及以上奖励的主要贡献者。

2）享受省部级政府特殊津贴人员等省部级人才。

第二节　申　报　资　格

（一）国家考试报名要求

具备下列条件之一者，可以报名参加高级经济专业技术资格考试：

（1）具备大学专科学历，取得中级经济专业技术资格后，从事与经济师职责相关工作满 10 年；

（2）具备硕士学位，或第二学士学位或研究生班毕业，或大学本科学历或学士学位，取得中级经济专业技术资格后，从事与经济师职责相关工作满 5 年；

（3）具备博士学位，取得中级经济专业技术资格后，从事与经济师职责相关工作满 2 年。

取得会计、统计、审计中级专业技术资格，符合以上学历、年限条件的，可以报名参加高级经济专业技术资格考试。

（二）国网评审申报要求

系列		经济系列
职称名称		副高级经济师
学历要求		大学专科及以上学历
年限要求	专科	取得中级职称后本专业年限满 10 年
	本科	取得中级职称后本专业年限满 5 年
	双学士	
	硕士	
	博士	取得中级职称后本专业年限满 2 年
	博士后	期满出站后，可依据在站期间的科研成果评定
绩效考核		近三年绩效考核结果均为 C 级及以上

续表

系列	经济系列
继续教育	继续教育学时（学分）达到规定要求
评定方式	国家考试＋业绩积分＋评审
文件依据	《国网人才评价中心职称申报规范》（人才评价〔2022〕14号）、《国家电网有限公司职称评定管理办法》

（三）时限要求

计算现有职称取得年限、业绩成果取得时间或从事专业技术工作年限的截止时间，均为职称申报年度的 12 月 31 日。

（四）学历要求

（1）一般需同时具备经济（含理工、财经、管理、法律类，下同）专业学历和经济系列职称以及经济工作经历。若现职称为非经济系列，则需具备经济专业学历；若不具备经济专业学历，则现职称应为经济、工程、统计、会计、法律和企业法律顾问系列。

（2）具备专业不对口的学历，需取得 2 门及以上大专层次专业对口的专业课程自学考试单科结业证书，或华北电力大学电气工程专业课程研修班结业证书可参加副高级职称评审。

（3）确实经过中央党校、各省（市、区）党校和境外院校规定学时、课时的学习（有学籍档案），所取得的学历、学位与国民教育学历具有同等效用，在职称评定中应予以承认。

（4）不具备规定学历，但获得省部级科技进步奖、技术发明奖、自然科学奖二等奖及以上的主要贡献者、享受省部级政府特殊津贴人员，可破格申报副高级及以下职称。

（五）工作年限要求

（1）参加全国专业技术人员职业资格考试（"以考代评"和"考评结合"）取得的中、高级资格，需符合有关资格考试报名条件的规定，即报考中、高级资格时应具备的规定学历和"本专业年限"。

（2）同级转评：一般需同时具备经济（含理工、财经、管理、法律类）专业学历和经济系列职称以及经济工作经历。若现职称为非经济系列，则需具备经济专业学历；若不具备经济专业学历，则现职称应为经济、工程、统计、会计、法律和企业法律顾问系列。若现职称为非经济系列，即"转系列申报""现职称后本专业年限"要求为：同级转评"需2年及以上、转系列高报需满足职称申报相应年限要求。

（3）转业军人和原公务员，属于首次参加职称评定的人员，需严格执行规定学历前提下的"本专业年限"：本科毕业后满10年、取得硕士学位后满8年、取得博士学位后满2年，可直接申报评审副高级职称。

（4）针对积极投身疫情防控一线的专业技术人员，实施职称申报政策倾斜措施。申报人员应在申报材料中提供申报人员疫情防控一线工作情况相关证明（包括工作具体内容及成效），需省公司级单位人事部门审核、盖章。

注：公司抗疫一线人员主要指参与抗疫重大项目建设（如雷神山、火神山、方舱医院等电力设施建设、改造及保电工作）、进驻疫情隔离区救护（入赴武汉医疗救护）、重要科技项目研发（如疫病防治关键核心技术研究等）人员。

（5）援藏援疆援青人员职称申报参照国家相关规定执行。

注：援派期间工作可算作本专业（申报专业）工作年限计入。

（六）主要贡献要求

取得经济师资格证书后，担任负责人或作为主要工作人员，在工作中做出如下贡献之一：

（1）完成国家或省（部）级重大科研项目，具有较大的创新性。

（2）完成二项及以上难度较大经济管理项目（包括制定管理标准、规范办法等），经验收认定取得较大的社会效益和经济效益。

（3）完成的项目获得一项国家或省（部）级科学技术进步奖，或二项及以上网（省）公司级科技进步（成果）奖，或同等级别的经济技术成果奖。

（4）提出的经营管理或经济技术建议被省（部）级有关部门采纳，对科技进步、专业技术发展或提高管理水平、经济效益具有重大促进作用。

（七）作品成果要求

取得经济师资格证书后，撰写如下专业技术报告或论著之一：

（1）独立或作为第一撰写人在省（部）级及以上组织的学术会议、或在国家批准出版的科技、经济期刊上发表过二篇及以上具有较高学术水平的学术论文、经济技术或经济管理论文。

（2）作为主要作者，正式出版过一本经济技术或经济管理等方面的专著或译著。

（3）编写或修订公开出版发行的经济技术或经济管理等方面的规范、规程、标准或教材、技术手册。

（4）独立撰写过二篇及以上本人直接参加的重要工作的正式经济技术报告。要求立论正确，数据齐全、准确，观点清晰，结构严谨，具有较高的学术水平或实用价值。

（八）继续教育要求

专业技术人员申报职称需满足继续教育学时要求，职称认定前 1 年和评定前 3 年的继续教育年度总学时不达标的，不得申报。专业技术人员参加继续教育的时间，每年累计不得少于 90 学时，其中专业科目不得少于

60 学时。继续教育学时当年度有效，不得结转使用。

（九）职称考试要求

根据国家职称制度深化改革需要，人力资源社会保障部对部分专业系列、职称级别实行"以考代评"或"考评结合"评定制度。高级经济师一律实行考、评结合（即考试和评审）的方式进行评定。申报者需先参加由各省级地方政府有关部门组织的高级资格考试，再凭考试合格证书（成绩），报名参加国网人才中心组织的年度职称评审，取得高级经济师职称。

高级经济专业技术资格考试达到全国统一合格标准者，颁发人力资源社会保障部统一印制的经济专业技术资格考试成绩合格证明。合格证明自考试通过之日起，在全国范围 5 年内有效。

（十）费用要求

国网人才中心统收统支。

（1）报名费。200 元/人。申报同一专业、同一级别职称按一次性收取。复审未通过（未达标）和评委会评审未通过人员，报名费自动转入下一年度。

（2）评审费。700 元/（人·次）。

第三节　评　审　方　式

（1）考试报名实行网上报名、网上交费。报考人员可在规定时间内在中国人事考试网报名参加考试的操作。报名前，须完成注册、上传照片等操作。报名时，须认真阅读并知晓《报考须知》等有关内容，在规定时间内提交报名信息并完成交费。报名具体安排详见各省（区、市）有关通知。

（2）依据副高级职称评定标准，采取业绩积分和评审方式综合进行评定，最终评定结果以相应系列评审委员会评审平均分、个人"加权总积分"按 6:4 比例加权计算评定总分，评定总分达标者为评定通过。

业绩积分，主要包括专业理论水平、中级职称取得年限、主要贡献和作品成果、水平能力、申报人员所在单位评价 5 部分积分，系统将自动给出申报者各项实际积分及加权总积分。

评价指标	最高分	达标分数要求	备注
专业理论水平	30 分	—	博士且专业对口 30 分； 硕士且专业对口以及博士但专业不对口 20 分； 双学士且专业对口 18 分； 本科且专业对口（含双学士单一专业对口，下同）、硕士但专业不对口、双学士但两个专业均不对口 15 分； 本科但专业不对口 5 分； 大专及以下学历且高级会计师、高级经济师"考评结合"考试合格 15 分； 大专且专业对口 5 分； 中专及以下学历和大专但专业不对口 0 分；
中级职称取得年限	50	—	取得现职称后年限积分标准分值为：博士且中级职称满 2 年或硕士（含学制满 2 年的国外硕士、学制不满 2 年的国外硕士满 4 年认定中级职称）及以下学历且中级职称满 5 年或学制不满 2 年的国外硕士不满 4 年认定中级职称且中级职称满 6 年或取得高级技师资格满 4 年 50 分； 对于年限破格申报人员，取得现职称后年限积分标准分值为： 博士且中级职称满 1 年或硕士（含学制满 2 年的国外硕士、学制不满 2 年的国外硕士满 4 年认定中级职称）及以下学历且中级职称满 4 年或学制不满 2 年的国外硕士不满 4 年认定中级职称且中级职称满 5 年或取得高级技师资格满 3 年 35 分； 硕士（含学制满 2 年的国外硕士、学制不满 2 年的国外硕士满 4 年认定中级职称）及以下学历且中级职称满 3 年或学制不满 2 年的国外硕士不满 4 年认定中级职称且中级职称满 4 年或取得高级技师资格满 2 年 20 分； 硕士（含学制满 2 年的国外硕士、学制不满 2 年的国外硕士满 4 年认定中级职称）及以下学历且中级职称满 1 年或学制不满 2 年的国外硕士不满 4 年认定中级职称且中级职称满 3 年或取得高级技师资格满 1 年 5 分； 学制不满 2 年的国外硕士不满 4 年认定中级职称且中级职称满 2 年 0 分；
水平能力	12 分		—	外语水平合格 4 分，不合格 0 分；计算机水平合格 8 分，不合格 0 分；
主要贡献和作品成果	主要贡献 46 分	18 分	包括资格后业绩情况、获奖情况等业绩成果、角色、奖项级别等级对应分值；
	作品成果 12 分	6 分	包括论文、著作、译作、技术报告等作品类别、角色排名对应分值；

续表

评价指标	最高分	达标分数要求	备注
单位评价	30分	—	
实际总积分			专业理论水平+中级职称取得年限+水平能力+主要贡献和作品成果+单位评价
个人加权总积分			实际总积分与加权总积分的区别在于，是否包含了"政治表现、职业道德"两个评价因素并加权计算。若2者均为"是"，则加权总积分等于实际总积分；若2者有1项为"否"，则加权总积分为0。其中，"政治表现、职业道德"由所在单位评价

第四节 申 报 流 程

（一）国家考试报名

考试报名实行网上报名、网上交费。报考人员可在规定时间内在中国人事考试网（www.cpta.com.cn）报名参加考试的操作。报名前，须完成注册、上传照片等操作。报名时，须认真阅读并知晓《报考须知》等有关内容，在规定时间内提交报名信息并完成交费。报名具体安排详见各省（区、市）有关通知。

（1）考生注册。首次报考人员应在报名前完成用户注册，已注册的报考人员不需重新注册，但须补充完善相关注册信息。网上报名系统将对身份信息、学历学位等注册信息进行在线核验，提交注册信息24小时后可登录网上报名系统报名查询核验结果，核验完成后方可报名。如有未完成核验的项目，选择考试报名时会有相应的提示信息。

（2）填报信息。报考人员选择考试名称、选择省份及考区，根据本人实际情况填写报名信息，确认信息真实、准确、完整，签署《专业技术人员职业资格考试报名证明事项告知承诺书》（电子文本）。

（3）上传照片。考生采用近期彩色标准1寸半身免冠正面证件照（尺寸25mm×35mm，像素295px×413px），照片底色为白色。须下载并使用报名系统指定的"照片审核处理工具"，未使用该工具审核处理而自行上传的照片，报名系统无法审核通过，考生将无法完成网上报名。

（4）资格核查。注册时身份信息和学历学位信息在线核验结果为"核验通过"的报考人员，系统自动审核报名资格，无需人工审核，可直接缴费。

（5）网上缴费。网上资格审核通过的报考人员，须在规定时限内登录报名网站进行网上缴费。未在规定时间进行网上缴费者，视为自动放弃报名。

（二）国网网上申报

（1）网上报名。职工登录"电力人力资源网"网站，进入"2022年职称申报专栏"，填写报名信息。网址：portal.cphr.sgcc.com.cn（内网）；www.cphr.com.cn（外网）。

（2）信息填报。填写个人真实信息，上传本人近期免冠证件标准照片和各类佐证材料扫描件。按照系统提示，确认符合申报条件再交纳报名费。

（3）数据提交。申报者在系统内将数据提交至上级"申报单位"。

（4）准备初审材料。申报者在数据提交后，打印《职称申报初审表》《职称申报公示表》《材料清单》《主要贡献鉴定意见表》《作品成果鉴定意见表》《所在单位评价意见表》各1份。申报者将相关报表连同与所录入内容相对应的佐证材料的原件及复印件，送所在单位人事部门审查。

注：申报者需在申报时提交全部申报材料。各单位在复审工作开始后，以及整个评审过程中，任何人不得再补交材料。

（5）所在单位初审公示。所在单位人事部门对申报者提交的《职称申报初审表》《职称申报公示表》佐证材料进行审核。对申报者的水平、能力、业绩进行鉴定评价，在《鉴定表》《评价表》上选择填涂、签字盖章后扫描。《职称申报公示表》公示 5 个工作日后，人事部门在《职称申报初审表》上签字、盖章，在业绩佐证材料复印件上盖章（原件退还本人）后，将扫描件报送至申报单位（地市公司级单位）审核。

（6）申报单位审核。申报单位对上报的初审材料及系统中数据进行审核。将鉴定、评价结果分别录入到主要贡献、作品成果、单位评价模块中，上传鉴定及评价意见表扫描件并系统提交至主管单位（省公司级单位）。

注：申报者需在申报时提交全部申报材料。各单位在复审工作开始后，以及整个评审过程中，任何人不得再补交材料。

（7）主管单位审核。各主管单位需登录系统对数据进行复审。审核确认后将数据提交至国网人才中心。

（8）在线查询复审结果。系统按统一规范的程序和积分标准，计算出申报者加权总积分。国网人才中心进行汇总审核。申报者可登录系统查询复审结果，查看各项积分结果。同时，复审结果将在系统上进行公示。

（9）完成"职称申报"。积分达标人员，通过支付宝或农业银行平台网上支付评审费，系统显示"已交费"状态后，即完成"职称申报"工作。交纳评审费超过时限，视为自愿放弃当年评审资格。

（三）评审阶段

加权总积分达标者方可进入相应系列评审委员会正式评审阶段；相应系列评审委员会在线审查申报者所有业绩情况（即专业技术水平、能力、业绩、中级职称取得年限相关电子材料，下同），根据副高级《评定标准》及其《业绩积分标准》进行相应系列评审委员会全体评委专家"背靠背"打分，计算得出评审平均分。

（四）公开审查阶段

最终评定结果以相应系列评审委员会评审平均分、个人"加权总积分"

按 6:4 比例加权计算评定总分，总分达标者为评审通过，评审通过名单公示 5 个工作日。

（五）发文认证阶段

国网人才中心印发职称通过文件、印发职称证书并将通过职称评定名单转入"历年职称备查库"。

待正式发文后，各申报单位需通过系统打印《职称评定表》2 份，在相应栏目签字、盖章，并归档。

第五节　系统操作说明

，

（一）注册登录

进入中国人事网 http://www.cpta.com.cn/，点击【网上报名】进入"全国技术人员资格考试报名服务平台"页面。

（1）新考生选择"新用户注册"，进行个人信息注册和填报。阅读接受资格考试网上报名协议，阅读接受注册须知。

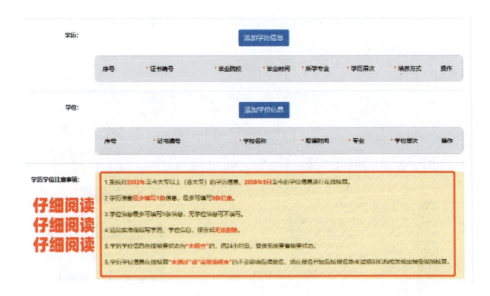

（2）在注册页面填写信息（标记*项必须填写）填写完毕确认无误后点击【提交】。

（3）进入【学历学位信息维护】，按学信网学信网注册备案表填写信息，并在线核验。

（4）点击左侧【报名照片维护】菜单，进入上传照片页面，点击右侧【点击选择图片】按钮，选择要上传的照片。照片上传完成之后，通过审核照片将在照片显示区域显示照片效果，确认无误后输入验证码，单击上传照片按钮进行上传，上传成功后退出操作。

注意：照片需通过照片审核工具审核通过（审核工具需提前下载），

审核通过的照片大小在 10K 左右、白底、295px×413px。

（二）考试报名

（1）照片上传完成后，点击左侧的【进入网上报名】，在右侧的考试列表中选择要报考的考试及省份，阅读报考须知，并签署《专业技术人员资格考试报名证明事项告知承诺制报考承诺书》。

考试名称	报考情况	操作
009 翻译专业资格（水平）笔译考试	未报考	选择
043 翻译专业资格（水平）口译考试	未报考	选择
102 经济专业技术资格考试（高级）	未报考	选择

（2）进入报名信息维护页面，首先选择报考人员所在地市和核查点，接着选择报考级别和报考专业，选择报考的考试科目，如实填写本人其他报考信息，带有"*"标识为必填项目；标为灰色的不需要填写。证件类型、证件号码、姓名、报考级别、报考专业以及考试科目的信息。

（3）信息提交。下载并签署《专业技术人员职业资格考试报名证明事项告知承诺书》，如果考生符合报考资格自动核验通过条件，信息确认后，

资格审核将自动通过。

（4）缴费并完成报名。报考人员缴费方式一般网上支付。报考人员需登录报名系统选择考试后，在考试状态页面点击【支付费用】，根据页面有关提示进行缴费操作，缴费成功后视为本次报名成功。

（三）考试阶段

（1）考试内容介绍。高级经济专业技术资格考试设《高级经济实务》

一个科目，题型为主观题，分别按工商管理、农业经济、财政税收、金融、保险、运输经济、人力资源管理、旅游经济、建筑与房地产经济、知识产权等 10 个专业类别命制试卷。

（2）考试程序。考试前一周，报考人员可登录"中国人事考试网"下载打印准考证。考试当天，报考人员凭准考证和有效身份证件在指定的日期、时间、地点和考场参加考试。

（四）成绩查询及发证阶段

高级经济专业技术资格考试达到全国统一合格标准者，颁发人力资源社会保障部统一印制的经济专业技术资格考试成绩合格证明，合格证明自考试通过之日起，在全国范围 5 年内有效。参加高级经济专业技术资格考试合格并通过评审者，可获得高级经济师职称。

第六节　系统操作说明（国网系统）

（一）注册登录

用 Google 浏览器登录电力人才网站 www.cphr.com.cn 内外网同步。

（1）填写个人基本信息，其中工作单位填写劳动合同单位的全称。

正确选择专业系列，根据本人岗位和业绩选择分支专业。与现职称资格专业方向一致，并根据满足申报条件项对应选择申报方式。"申报单位"务必正确选择本人所在地市级公司。

● 申报方式：根据满足申报条件项对应选择申报方式。

● 正常申报晋级：正常晋级申报（含跨系列申报）。如：工程师→副高级工程师；政工师→副高级工程师。

● 同级转评：其他系列副高级职称转评为副高级工程师。如：副高级政工师→副高级工程师。

● 转业军人：首次参加职称评定的军队转业干部。

● 公务员调入：首次参加职称评定的原公务员身份人员。

● 技能人员申报职称：技能人员申报职称。如：高级技师→副高级工程师。

确认个人信息无误后提交。注册完成后进行个人登录。如果往年报过，重新注册后，往年填写的内容会自动同步到本人账户里。

（二）报名缴费

在业绩提交前及时完成报名费缴费。完成缴费后，状态显示"已缴费"。

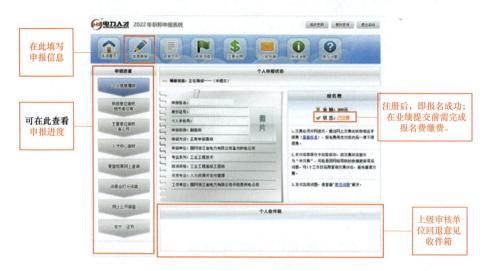

（三）信息填报

1. 基本信息

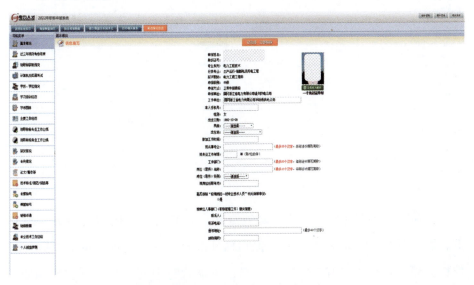

"现从事专业"是指从事与现申报专业相关的岗位。

"现专业工作年限"是指截至申报年度 12 月 31 日，本人参加工作后所从事的与申报系列一致的专业技术工作累计年限之和。

2. 近三年绩效

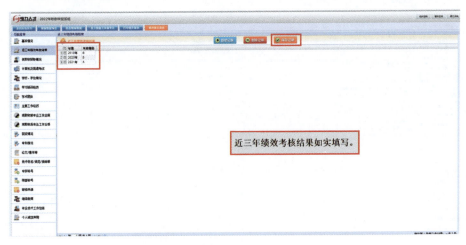

如实填写近三年绩效考核结果。

3. 现职称/技能等级

正确输入现职称/技能等级证书信息。证书扫描件包括编码页、照片页、姓名页及主要信息页，并确保扫描件清晰、方向端正。系统中提交附件格式要求：格式：JPG.PNG；命名：不能含有中文。数字、字母构成。其他资格模块里可上传其他证书。

注：外单位调入人员，其职称若为具有职称评审权的单位评定或认定的，予以承认；否则，需履行职称评定工作程序，重新评定。

4. 电力英语计算机

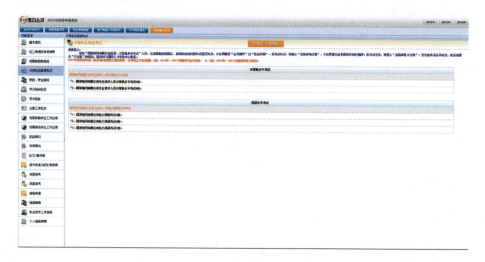

参加"国家电网有限公司英语、计算机水平考试"人员，在选择相应级别后，系统将自动识别考试是否有效，不必再填写"证书编号"及"发证时间"。若考试有效将提示"系统审核合格"，不必再提交证书复印件和扫描件；若考试无效，将提示"系统审核不合格"；若出现考试证书有效，但系统提示"不合格"的情况，请及时与国网人才评价中心联系。

注：自 2016 年度职称申报开始，英语、计算机考试成绩不再作为申报必备条件，但仍作为职称评定的水平能力标准之一。自 2020 年度开始，电力英语和计算机的考试免试条件取消，仅国网的电力英语、计算机水平考试成绩有效。

国网电力英语证书分为 A、B、C 三个等级，均适用于申报副高级职称。有效期分别是 A 级 4 年和 B、C 级 3 年（截止日为取证的对应年限年底）。

国网电力计算机证书分为 A、B 两个等级，均适用于申报副高级职称。有效期分别是 A 级 4 年和 B 级 3 年（截止日为取证的对应年限年底）。

5. 学历、学位情况

填写学历、学位情况，上传证书扫描件，确保方向端正、清晰，并保存记录。

系统自动测试学历是否符合条件。就业学历为必填项，学历按照时间顺序填写，每个学历只能填写一次。

注：学历证书等审核需注意：系统要求上传原件扫描件，如原件丢失，则需所在单位人资部盖章签字后上传即有效。

6. 学习培训经历

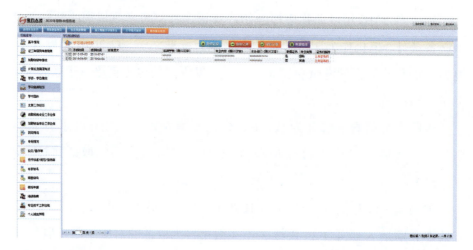

注：适当填写学习培训经历条数，包括后续学历教育、专业培训等。

学历证书、培训证书等审核需注意：系统要求上传原件扫描件，如原件丢失，则需所在单位人资部盖章签字后上传即有效。

7. 学术团体

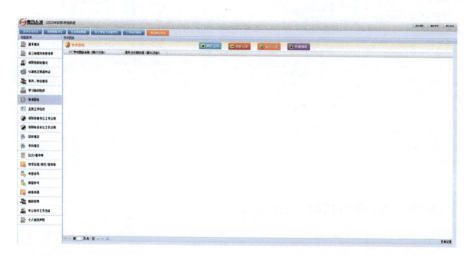

8. 主要工作经历

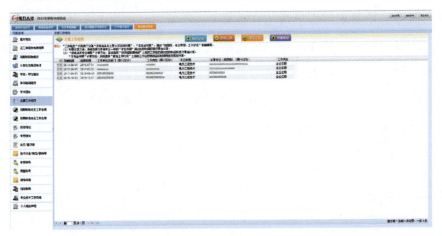

"工作经历"内容用于计算"资格后本专业累计及连续年限""本专业年限"，请对"时间段、专业类别、工作状态"准确填写。

（1）年限计算方法：系统选择与申报专业一致的"专业类别"所对应的时间段进行累加计算。

（2）"资格后本专业年限"计算方法：系统选择"现资格取得时间"之后的工作经历所对应的时间段进行累加计算。

"本专业年限"计算方法：系统选择"参加工作时间"之后的工作经历所对应的时间段进行累加计算。

9. 现职称前专业工作业绩

取得现职称之前的业绩。职称前专业工作业绩要与工作经历对应写，按照积分选项要求对应填写工作业绩（主要填写与申报专业相符的业绩）。

项目成效：上限300字。建议格式为角色＋项目内容＋本人作用＋结论，从创新性、影响力、经济效益、收益成果角度写结论。

佐证上传要求：专业部门盖章的证明页面及证明材料。

注：按本人角色重要程度填写。

10.现职称后专业工作业绩

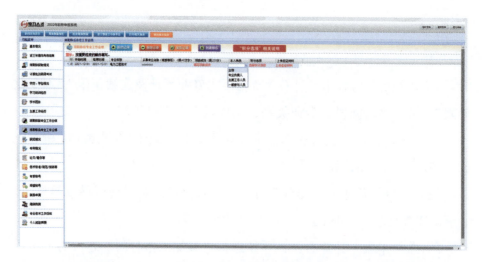

取得现职称之后的业绩。注意积分选项要均匀分布（尽可能涉及多个积分序号）。从事专业名称：从申报的分支专业角度填报。

项目成就：总结归纳，控制在100字左右。具体填写内容可根据积分选项要求归纳。角色＋项目内容＋本人作用＋结论。从创新性、影响力、经济效益、收益成果角度写结论。

佐证上传要求：专业部门盖章的证明页面及证明材料。

注：业绩佐证材料审查要求：

（1）各类佐证材料必须能够反映与填报内容一致的各项信息，包括时间、项目名称、本人角色、级别、重要性等重要信息请标注出来。

（2）项目类业绩可提供：项目可研报告、批复、立项、实施、设计图纸、施工方案或措施、调试文件、验收报告（含阶段性）等过程材料，以及本人角色证明、实施效益证明、专家评价意见等。

（3）解决技术难题类业绩可提供：有关部门出具的技术报告、专家评审或鉴定意见，以及本人角色证明等。

（4）提出科技、经营管理或经济技术建议可提供：建议报告、有关部门批示等采纳（推广）证明。

（5）重点课题类业绩可提供：课题立项材料，阶段性验收材料、研究成果材料、结项验收材料、本人角色证明等。

（6）本专业领域管理改革、创新类业绩可提供：主管部门出具本人角色证明、推广应用证明、表彰文件，财务部门出具经济效益证明等。

*大、中、小型等级，参照如下标准执行：

（1）发电厂。

1）大型：300MW 及以上机组（大型≥300MW）；

2）中型：100～300MW 机组（300MW＞中型＞100MW）；

3）小型：100MW 及以下机组（小型≤100MW）。

（2）变压等级。

1）大型：220kV 以上（大型＞220kV）；

2）中型：220kV（中型=220kV）；

3）小型：110kV 及以下（小型≤110kV）。

（3）企业规模。

1）大型：省公司等同级及以上单位（大型≥省公司等同级单位）；

2）中型：地区等同级单位（中型=地区等同级单位）；

3）小型：县级等同级单位（小型=县级等同级单位）。

业绩成果的"主要贡献者（主要完成人）"，需是排名靠前的第一、第二完成人及主要完成（参加）者。若排名靠后，但确系主要完成（参加）者，需提供本人所在单位主管部门出具的正式文件。该文件，需后附第一、第二完成人分别亲自撰写并签名的"证明书"。文件及"证明书"需表明在该项目中被证明人承担任务的内容、重要程度及排名位次和排名靠后的原因，以及其他获奖人员名单（如获奖人数超过 15 人，可仅列出前 15 人名单并注明获奖总人数）。

11. 获奖情况

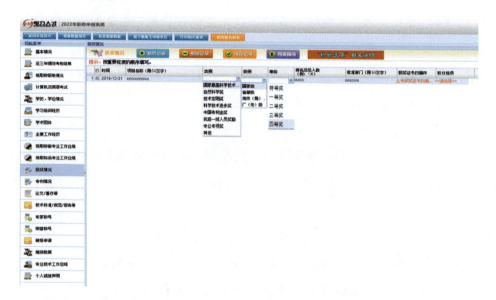

获奖等级：根据实际获奖等级对应选择；其他等级均按最低奖项选择。同一项成果多次获奖，只选最高级别。

*获奖类别供审核时参考：国家最高科学技术奖、自然科学奖、技术发明奖、科学技术进步奖、中国专利金奖、抗疫一线人员奖励、专业专项奖（优秀设计、优质工程）、其他。佐证材料需提供获奖证书或文件。（获奖正式文件必须有获奖项目和成员姓名等信息）。

*获奖级别供审核时参考：

（1）国家级：国家科学技术进步奖包括国家自然科学奖、国家科技进步奖、国家技术发明奖三类，其他奖项不计作国家级奖项。

（2）省部级（含行业级、国网公司级）：国家电网公司设立的科学技术进步奖、技术发明奖、技术标准创新贡献奖、专利奖、管理创新成果奖、软科学成果奖等奖项；省级单位颁发的奖项；各部委（国家级行业）设立的奖项；中国电机工程学会、中国电力企业联合会等省部级行业协（学）会颁发的奖项、科技部公布的社会力量设立科学技术奖项；中国企业联合会颁发的全国企业管理现代化创新成果奖。

（3）地市级（含省公司级）：各省公司颁发的科技进步奖、管理创新成果奖等奖项；各地市设立的奖项；各省厅局级设立的奖项；各省行业协会（学会）的专业奖。

（4）厂处级（含地市公司级、省公司直属单位级）：地市公司，省公司直属单位设立的科技成果奖项和管理创新成果奖等奖项。

（5）其他：国家知识产权局设立的中国专利金奖按省部级一等奖计分，中国专利奖、中国专利优秀奖按省部级二等奖计分。其他未标明奖项等级的优秀奖、优质奖、特别奖、创新奖、进步奖、管理创新成果奖等奖项，按同级别三等奖处理。

12. 专利情况

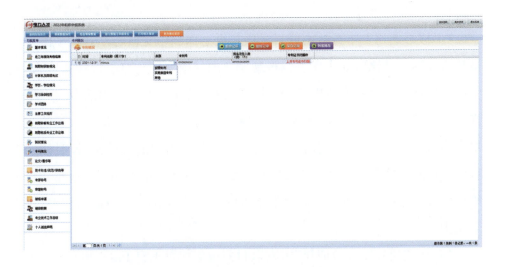

注：（1）仅限于已授权且在有效期内的专利，海外专利不予认可。需提供专利授权证书。

（2）提供专利获奖证书或成果转化合同或转化效益证明。

13. 论文/著作等

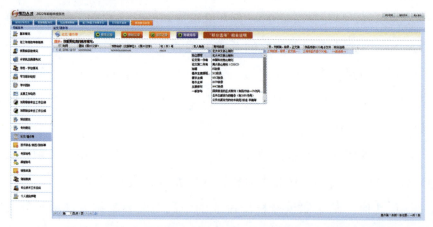

注：申报者提交的论文和技术报告等作品应为取得现职称后撰写且与申报专业相关，内容不相关的作品属无效作品。其中，论文或著作必须是正式发表或出版，录用通知不予认可。申报时需提供书、刊的封面、目录（交流或评选的证书）和本人撰写的内容即可，不必将整本书、刊一同提交。

*"核心期刊"审查封面或目录版权页上印制中文核心期刊、中国科技核心期刊，并比对北大图书馆最新发布的《中文期刊核心目录总览》、中国科学技术信息研究所出版的《中国科技核心期刊目录》、南京大学《中文社会科学引文索引》（CSSCI）来源期刊目录。SCI 收录或 EI 收录的文章需提供有大学图书馆或教育部科技查新工作站盖章的收录证明，且注明查新工作人员姓名和电话。核心期刊目录每隔几年会根据期刊的质量和权威性进行动态调整，审核人员应审核该期刊刊发当年是否在核心期刊目录总览中。

"有正式刊号的普通期刊"审查以封面或版权页上有 ISSN 和 CN 的组合字样出现为准。可在国家新闻出版署或中国知网、万方数据等期刊数据登录网站查到。

"省（市、区）批准的内部准印期刊"审查以封面或版权页上有"X内资准字"出现为准（如：《电力人力资源》，为"京内资准字9908－L0825"）。

"学术会议上发表"必须要有学术会议主办部门的证明页。

"著作"审查以有正规的出版社为准。佐证材料要求著作封面、版权页、编委页、目录页、正文节选、出版单位出具的字数证明。

注：论文、著作、技术报告等审查要求：

（1）论文类提供：期刊（公开出版的会议论文集）封面、版权页、目录页、论文正文、SCI（EI）检索证明。

（2）著作类提供：封面、版权页、编委页（本人角色页）、目录页、正文节选。

（3）教材或技术手册类提供：封面、版权页、编委页（本人角色页）、目录页、正文节选。

（4）技术报告类提供：正式颁布的标准、导则、规范、规程封面、正文节选、本人角色页等。

（5）研究报告、项目报告等代表性成果提供：研究、项目、报告等成果封面、正文节选、本人角色页等，相关单位出具的成果应用证明。专业技术负责人的证明（或鉴定意见），证明内容包括申报人员在整个项目中参与完成的角色，参与程度，项目中具体承担工作的重要性等，并由项目负责人或技术负责人签字，项目完成单位盖章。

14. 技术标准/规范/报告等

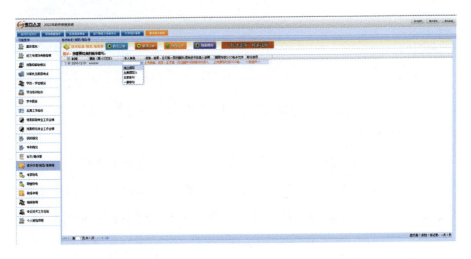

注："技术报告"应为申报者在当时完成专业技术项目之后，对完成或解决某项具体技术工作问题的报告。申报时需提供专业技术负责人的证明（或鉴定意见）。

申报时须提供专业技术负责人的证明（或鉴定意见）。每个技术报告要有专业部门证明、证明人签字、专业部门盖章，扫描好作为技术报告第一页。

技术报告扫描顺序：证明页、封面（含编写人、审核人、审批人签字）、目录、正文第一页。

技术报告可以是未出版的论文、实施细则、典型经验。

技术报告是描述科学研究过程、进展、结果，或者研究过程中遇到问题的文档，可以是某项项专业工作调查报告，实施方案等，具体灵活掌握。

15. 专家称号

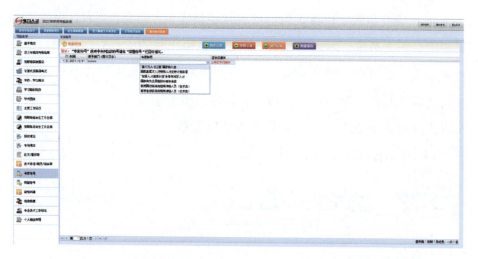

"专家称号"选项中未列出的称号请在"荣誉称号"栏目中填写。

16. 荣誉称号

注：荣誉证书、表彰文件、各类集体荣誉中均需有本人姓名，未体现个人姓名的材料，需原出具单位证明盖章，否则不能算。不能提供荣誉证书或荣誉文件的，不能算。除上面的专家称号外的荣誉称号填写到此处，

如先进个人、劳模、岗位能手、优秀党员等。

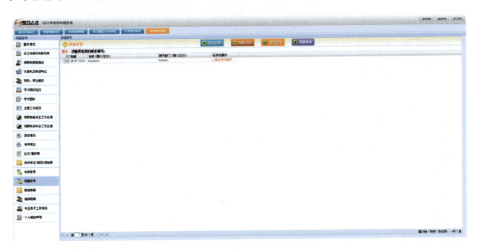

17. 破格申请

注：破格申报人员需下载打印《破格申请申报表》，单位人事部门核准后勾选破格原因及符合的破格条款，并完成报表签字、盖章工作。破格申报人员将签字盖章的《破格申请申报表》扫描后在申报系统中上传，纸质版原件作为申报材料提交。

单位需提供申报人员疫情防控一线工作情况相关证明（包括工作具体内容及成效），并报省公司级单位人事部门审核、盖章。申报人员将签字盖章的"证明"扫描后在申报系统中上传，纸质版原件作为申报材料提交。

疫情防控一线专业技术人员获得省部级及以上表彰奖励，可破格申报高一级别的职称。申报人员在"获奖情况"栏目中对相应奖励进行填报，并提供《破格申请申报表》，需按照"破格申报人员"流程完成相关工作。

18. 继续教育

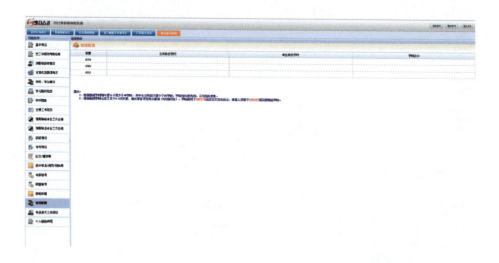

19. 专业技术工作总结

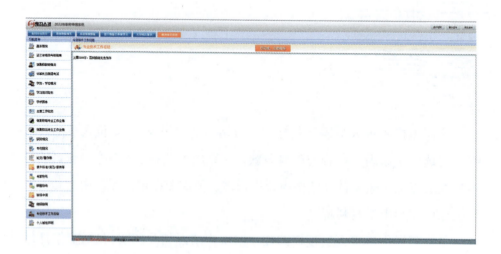

注：指取得现专业技术资格后的个人工作总结，系统字数上限2000字。

20. 个人诚信说明

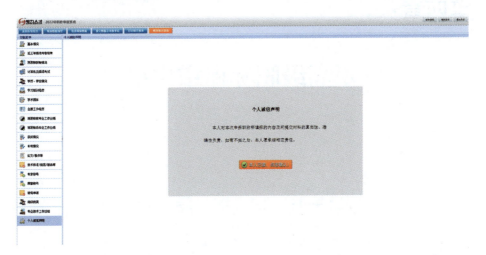

注：申报者需提交"个人诚信声明"，对填报内容及提交材料真实性、准确性负责，如有不实之处，本人需承担相应责任。实行学术造假"一票否决制"，对申报人员弄虚作假等违规违纪行为严肃处理，撤销其取得的职称，原则上 3 年不得申报，情节严重的，追究相关责任。

（四）检查及提交数据

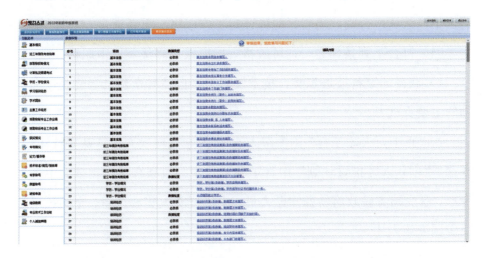

检查填报数据，确认所有信息无误后再提交。

第四章

正高级职称评审申报

第一节　申　报　原　则

（1）公司具备经济专业正高级职称评审权，申报者需参加公司统一评审，通过其他机构评审取得不予确认。

（2）申报人员应为本单位在职专业技术人员，退休人员不得申报职称。

（3）外单位调入人员，其职称若为具有职称评审权的单位评定或认定的，予以承认；否则，需履行职称评定工作程序，重新评定。

（4）符合下列条件之一，可破格直接申报正高级及以下职称：

1）获得国家科技进步奖、技术发明奖、自然科学奖二等奖及以上奖励的主要贡献者。

2）"百千万人才工程"国家级人选、"国家高层次人才特殊支持计划"人选、"创新人才推进计划"中青年领军人才、国家有突出贡献的中青年专家、享受国务院政府特殊津贴人员、中华技能大奖获得者、全国技术能手等国家级人才。

3）获得中国专利金奖。

第二节　申　报　资　格

系列		经济系列
职称名称		正高级经济师
学历要求		大学本科及以上学历
年限要求	本科	取得副高级职称后本专业年限满 5 年，本专业年限满 15 年
	双学士	取得副高级职称后本专业年限满 5 年，本专业年限满 12 年
	硕士	取得副高级职称后本专业年限满 5 年，本专业年限满 7 年
	博士	
绩效考核		近三年绩效考核结果均为 C 级及以上
继续教育		继续教育学时（学分）达到规定要求
评定方式		答辩+评审
其他要求		非本专业副高级职称，需同级转评后方可申报
文件依据		《国网人才评价中心职称申报规范》（人才评价〔2022〕14 号）、《国家电网有限公司职称评定管理办法》

补充说明：

（一）时限要求

计算现有职称取得年限、业绩成果取得时间或从事专业技术工作年限的截止时间，均为职称申报年度的 12 月 31 日。

（二）学历要求

（1）一般需同时具备经济（含理工、财经、管理、法律类，下同）专业学历和经济系列职称以及经济工作经历。(《国网人才评价中心职称申报规范》（人才评价〔2022〕14 号）p10 编写人国网浙江省电力有限公司宁波市奉化区供电公司于海审核人国网浙江省电力有限公司永嘉县供电公

51

司龙仙逸）。

（2）技能人员申报职称：技工院校高级工班、预备技师（技师）班毕业，可分别按相当于大专、本科学历申报。

（3）确实经过中央党校、各省（市、区）党校和境外院校规定学时、课时的学习（有学籍档案），所取得的学历、学位与国民教育学历具有同等效用，在职称评定中应予以承认。

（三）工作年限要求

规定年限是指在取得规定学历的前提下，申报评定相应级别职称必须具备的本专业年限和现职称后本专业年限。"本专业年限"是指截止申报年度12月31日，本人参加工作后所从事的与申报系列一致的专业技术工作累积年限之和。"现职称后本专业年限"是指截止申报年度12月31日，取得现职称后所从事的与申报系列一致的专业技术工作累积年限之和。

（1）同级转评：现职称为非经济系列，"同级转评"需2年及以上"现职称后本专业年限"。

（2）转业军人和原公务员，属于首次参加职称评定的人员，需严格执行规定学历前提下的"本专业年限"：本科毕业后满15年、取得硕士学位后满13年、取得博士学位后满7年，可直接申报评审正高级职称。

（3）疫情防控一线专业技术人员可提前1年申报相应级别的职称；获得省部级及以上表彰奖励，可破格申报高一级别的职称。

注：公司抗疫一线人员主要指参与抗疫重大项目建设（如雷神山、火神山、方舱医院等电力设施建设、改造及保电工作）、进驻疫情隔离区救护（入赴武汉医疗救护）、重要科技项目研发（如疫病防治关键核心技术研究等）人员。

（4）援藏援疆援青人员职称申报参照国家相关规定执行。

注：援即援派期间工作可算作本专业（申报专业）工作年限计入。

（四）业绩贡献条件要求

取得高级经济师职称后，具备下列业绩贡献条件之一：

（1）从事经济研究工作，参与完成国家级课题 1 项；作为主要完成人参与省部级重点课题 2 项，并通过验收或结题，成果经济效益显著。

（2）主持本专业领域管理改革，创造性地提出改进和加强管理的重要思路、意见和措施，并成功应用于经营管理等工作实践，在省公司级及以上单位推广，经验收认定取得较大的管理效益和经济效益。

（3）提出经营管理或经济技术建议，1 项被国家有关部门或 2 项被省部级有关部门采纳，对科技进步、专业技术发展或提高管理水平、经济效益具有重大促进作用。

（4）获得国家科学技术进步奖 1 项；省部级科学技术进步奖一等奖 1 项或二等奖 2 项或三等奖 3 项；省公司级科学技术进步奖（主要完成人）一等奖 3 项或二等奖 4 项或三等奖 4 项；在经济领域的研究成果获得国家级管理创新奖 2 项，或省部级管理创新奖（主要完成人）一等奖 2 项或二等奖 3 项或三等奖 3 项（含相应专业奖项）。

（五）作品成果要求

取得高级经济师职称后，具备下列作品成果条件之一：

（1）独立或作为第一作者，在公开出版发行的期刊上发表本专业论文 3 篇及以上，其中核心期刊或被 SCI、EI、SSCI、ISTP 收录至少一篇。上述公开发表论文，经专家审核，确有创新或对经济工作具有重要指导意义。

（2）作为主要作者，公开出版本专业有较高学术价值或实用价值的著作 1 部或教材、技术手册 2 部，其中本人撰写部分不少于 5 万字。

（3）参与编写或修订省部级及以上经济技术或经济管理等方面的中长期发展战略、企业经营规划、重要管理标准、制度、规范、规程等 2 项及以上，并颁布实施或公开发行。

（4）主持完成省公司级及以上本专业相关研究报告、项目报告等代表性成果，并在本专业领域内具有重大影响，得到有效应用。

（六）分支专业

适用于从事经济专业技术工作的人员。涉及专业包括计划管理、企业管理、人力资源管理、电力营销管理、物资管理、工程造价管理等六类。

（七）继续教育要求

专业技术人员申报职称需满足继续教育学时要求，职称认定前 1 年和评定前 3 年的继续教育年度总学时不达标的，不得申报。专业技术人员参加继续教育的时间，每年累计不得少于 90 学时，其中专业科目不得少于 60 学时。继续教育学时当年度有效，不得结转使用。

注：继续教育学时认定工作计划于 2022 年 6～9 月开展，相关通知于 5 月底印发。

（八）费用要求

国网人才中心统收统支。

1. 报名费。200 元/人。申报同一专业、同一级别职称按一次性收取。复审未通过（未达标）和评委会评审未通过人员，报名费自动转入下一年度。

2. 评审费。800 元/（人·次）。

第三节　评　审　方　式

依据正高级职称评审条件，严格执行规定学历、年限及业绩要求，采取面试答辩和评审委员会评审方式综合进行评定。

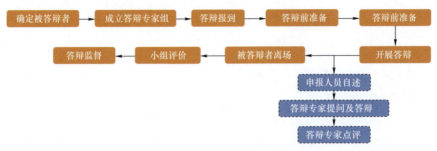

（一）答辩程序

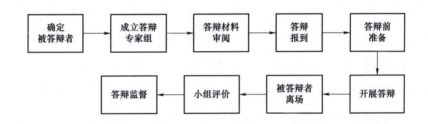

（二）答辩标准

全面、系统地掌握与经济有关的基础理论知识，主要包括：经济学、财政与金融、统计与会计、管理学、市场营销、经济法等方面的基础理论知识。根据所从事专业方向（或工作领域）的不同和工作实际，对所列的基础理论知识可以有所侧重；熟练掌握和运用与本专业有关的现行法规、标准和规范；非常熟悉国家有关的法律、法规和经济政策；较系统地掌握本专业的专业知识并对从事的专业方向（或工作领域）有比较深入的研究；熟悉本专业的国内外管理状况、市场信息和发展趋势。熟悉主要相关专业的有关知识及其国内外的现状和发展趋势；熟悉电力生产的基础知识。

第四节　申　报　流　程

（一）网上申报

（1）网上报名。职工登录"电力人力资源网"网站，进入"2022 年职称申报专栏"，填写报名信息。网址：portal.cphr.sgcc.com.cn（内网）；www.cphr.com.cn（外网）。

（2）信息填报。填写个人真实信息，上传本人近期免冠证件标准照片和各类佐证材料扫描件。按照系统提示，确认符合申报条件再交纳报名费。

（3）数据提交。申报者在系统内将数据提交至上级"申报单位"。

（4）准备初审材料。申报者在数据提交后，打印《职称申报初审表》《职称申报公示表》《材料清单》各 1 份。申报者将相关报表连同与所录入内容相对应的佐证材料的原件及复印件，送所在单位人事部门审查。

注：申报者需在申报时提交全部申报材料。各单位在复审工作开始后，以及整个评审过程中，任何人不得再补交材料。

（5）所在单位初审公示。所在单位人事部门对申报者提交的《职称申报初审表》《职称申报公示表》佐证材料进行审核。

（6）申报单位审核。申报单位对上报的初审材料及系统中数据进行审核。

注：申报者需在申报时提交全部申报材料。各单位在复审工作开始后，以及整个评审过程中，任何人不得再补交材料。

（7）主管单位审核。各主管单位需登录系统对数据进行复审。审核确认后将数据提交至国网人才中心。

（8）在线查询复审结果。国网人才中心进行汇总审核。申报者可登录系统查询复审结果。同时，复审结果将在系统上进行公示。

（9）完成"职称申报"。复审通过人员，通过支付宝或农业银行平台网上支付评审费，系统显示"已交费"状态后，申报者可打印《职称评定表》。交纳评审费超过时限，视为自愿放弃当年评审资格。

（二）提交纸质材料

（1）打印《职称评定表》《材料清单》，将评定表装档案袋并封面粘贴《材料清单》后报送所在单位人事部门审核签章。

（2）所在单位人事部门审核材料并报送申报单位。

（3）申报单位对材料审核签章并报送主管单位。

（4）主管单位对材料审核签章并进行汇总。

（三）评审阶段

依据正高级职称评审条件，严格执行规定学历、年限及业绩要求，采取面试答辩和评审委员会评审方式综合进行评定。

（四）公开审查阶段

评审通过名单公示 5 个工作日。

（五）发文认证阶段

国网人才中心印发职称通过文件、印发职称证书并将通过职称评定名单转入"历年职称备查库"。

第五节　系统操作说明

（一）注册登录

用 Google 浏览器登录电力人才网站 www.cphr.com.cn 内外网同步。

填写个人基本信息，其中工作单位填写劳动合同单位的全称。

正确选择专业系列，根据本人岗位和业绩选择分支专业。与现职称资格专业方向一致，并根据满足申报条件项对应选择申报方式。"申报单位"务必正确选择本人所在地市级公司。

申报方式：根据满足申报条件项对应选择申报方式。

● 正常申报晋级：正常晋级申报。如：副高级工程师→正高级工程师。

● 同级转评：其他系列正高级职称转评为正高级工程师。如：副高级政工师→副高级工程师。

● 转业军人：首次参加职称评定的军队转业干部。

● 公务员调入：首次参加职称评定的原公务员身份人员。

确认个人信息无误后提交。注册完成后进行个人登录。如果往年报过，重新注册后，往年填写的内容会自动同步到本人账户里。

（二）报名缴费

在业绩提交前及时完成报名费缴费。完成缴费后，状态显示"已缴费"。

59

（三）信息填报

1. 基本信息

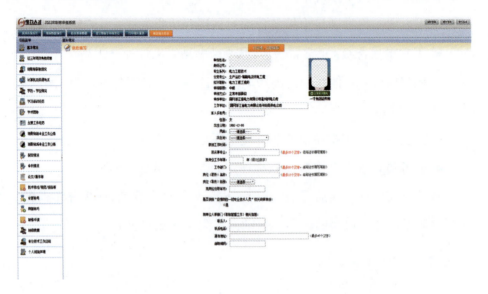

"现从事专业"是指从事与现申报专业相关的岗位。

"现专业工作年限"是指截止申报年度 12 月 31 日，本人参加工作后所从事的与申报系列一致的专业技术工作累计年限之和。

2. 近三年绩效

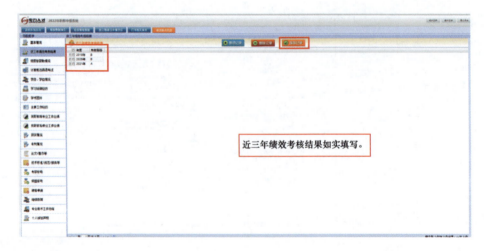

近三年绩效考核结果如实填写。

如实填写近三年绩效考核结果。

3. 现职称/技能等级

正确输入现职称/技能等级证书信息。证书扫描件包括编码页、照片页、姓名页及主要信息页，并确保扫描件清晰、方向端正。系统中提交附件格式要求：格式：JPG.PNG；命名：不能含有中文。数字、字母构成。其他资格模块里可上传其他证书。

注：外单位调入人员，其职称若为具有职称评审权的单位评定或认定的，予以承认；否则，需履行职称评定工作程序，重新评定。

4. 学历、学位情况

填写学历、学位情况，上传证书扫描件，确保方向端正、清晰，并保存记录。

系统自动测试学历是否符合条件。就业学历为必填项，学历按照时间顺序填写，每个学历只能填写一次。

注：学历证书等审核需注意：系统要求上传原件扫描件，如原件丢失，则需所在单位人资部盖章签字后上传即有效。

5. 主要工作经历

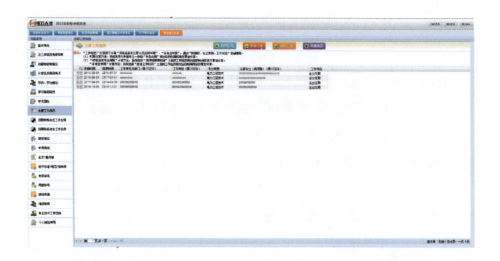

"工作经历"内容用于计算"资格后本专业累计及连续年限""本专业年限"，请对"时间段、专业类别、工作状态"准确填写。

（1）年限计算方法：系统选择与申报专业一致的"专业类别"所对应的时间段进行累加计算。

（2）"资格后本专业年限"计算方法：系统选择"现资格取得时间"之后的工作经历所对应的时间段进行累加计算。

"本专业年限"计算方法：系统选择"参加工作时间"之后的工作经历所对应的时间段进行累加计算。

6. 现职称后专业工作业绩

填写取得高级工程师职称后，下列业绩贡献条件之一：

（1）作为主要完成人，完成国家 1 项及以上或省部级 2 项及以上大型工程的可行性研究、设计、施工或调试，通过审查或验收。

（2）作为主要完成人，完成国家级 1 项或省部级 2 项科技项目，通过审查或验收，有重大创新性。

（3）作为主要完成人，在科技攻关或工程实践中，解决关键领域技术难题或填补国内同行业某一技术领域空白，并通过省部级及以上有关部门组织的评审或鉴定。

（4）提出科技建议，1 项被国家有关部门或 2 项被省部级有关部门采纳；完成 1 项及以上在本行业（本系统）推行的技术管理系统工程。经实践检验取得显著成效，对科技进步或专业技术发展有重大促进作用。

（5）获得国家科学技术进步奖 1 项；省部级科学技术进步奖一等奖 1 项或二等奖 2 项或三等奖 3 项；省公司级科学技术进步奖（主要完成人）一等奖 3 项或二等奖 4 项或三等奖 4 项；优秀设计、优质工程等专业专项奖国家级 1 项或省部级 3 项或省公司级（主要完成人）4 项。

（6）作为第一发明人，获得具有显著经济和社会效益的发明专利 1

项或实用新型专利 4 项，并获省部级及以上专利奖或提供成果转化合同（转化效益证明）。

项目成就：总结归纳，控制在 100 字左右。具体填写内容可根据积分选项要求归纳。角色＋项目内容＋本人作用＋结论。从创新性、影响力、经济效益、收益成果角度写结论。

佐证上传要求：专业部门盖章的证明页面及证明材料。

*大、中、小型等级，参照如下标准执行：

（1）发电厂。

1）大型：300MW 及以上机组（大型≥300MW）；

2）中型：100～300MW 机组（300MW＞中型＞100MW）；

3）小型：100MW 及以下机组（小型≤100MW）。

（2）变压等级。

1）大型：220kV 以上（大型＞220kV）；

2）中型：220kV（中型＝220kV）；

3）小型：110kV 及以下（小型≤110kV）。

（3）企业规模。

1）大型：省公司等同级及以上单位（大型≥省公司等同级单位）；

2）中型：地区等同级单位（中型＝地区等同级单位）；

3）小型：县级等同级单位（小型＝县级等同级单位）。

业绩成果的"主要贡献者（主要完成人）"，需是排名靠前的第一、第二完成人及主要完成（参加）者。若排名靠后，但确系主要完成（参加）者，需提供本人所在单位主管部门出具的正式文件。该文件，需后附第一、第二完成人分别亲自撰写并签名的"证明书"。文件及"证明书"需表明在该项目中被证明人承担任务的内容、重要程度及排名位次和排名靠后的原因，以及其他获奖人员名单（如获奖人数超过 15 人，可仅列出前 15 人名单并注明获奖总人数）。

7. 专利情况

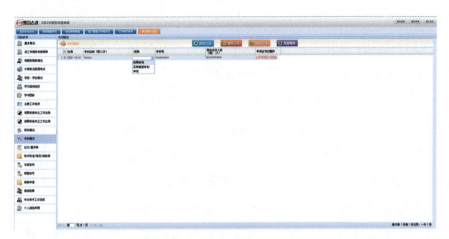

注：（1）仅限于已授权且在有效期内的专利，海外专利不予认可。需提供专利授权证书。

（2）提供专利获奖证书或成果转化合同或转化效益证明。

8. 论文/著作等

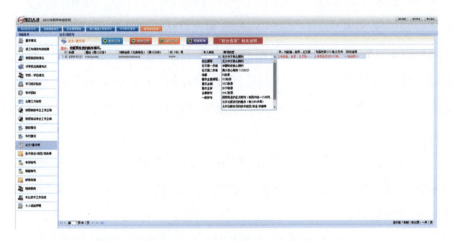

填写取得高级工程师职称后，下列作品成果条件之一：

（1）独立或作为第一作者,在公开出版发行的期刊上发表本专业论文3篇及以上，其中核心期刊或被 SCI、EI 收录的论文至少 1 篇。上述公开发表的论文，经专家审核，确有创新或对工程工作具有重要指导意义。

（2）作为主要作者，公开出版本专业有较高学术价值或实用价值的著作1部，其中本人撰写部分不少于5万字。

（3）作为主要作者，公开出版本专业有较高实用价值的教材或技术手册2本，其中本人撰写部分不少于5万字。

（4）参与编写或修订省部级及以上电力工程方面的标准、导则、规范、规程等2项（团标或企标3项）及以上，并颁布实施或公开发行。

注：申报者提交的论文和技术报告等作品应为取得现职称后撰写且与申报专业相关，内容不相关的作品属无效作品。其中，论文或著作必须是正式发表或出版，录用通知不予认可。申报时需提供书、刊的封面、目录（交流或评选的证书）和本人撰写的内容即可，不必将整本书、刊一同提交。

*"核心期刊"审查封面或目录版权页上印制中文核心期刊、中国科技核心期刊，并比对北大图书馆最新发布的《中文期刊核心目录总览》、中国科学技术信息研究所出版的《中国科技核心期刊目录》、南京大学《中文社会科学引文索引》（CSSCI）来源期刊目录。SCI收录或EI收录的文章需提供有大学图书馆或教育部科技查新工作站盖章的收录证明，且注明查新工作人员姓名和电话。核心期刊目录每隔几年会根据期刊的质量和权威性进行动态调整，审核人员应审核该期刊刊发当年是否在核心期刊目录总览中。

"有正式刊号的普通期刊"审查以封面或版权页上有ISSN和CN的组合字样出现为准。可在国家新闻出版署或中国知网、万方数据等期刊数据登录网站查到。

"省（市、区）批准的内部准印期刊"审查以封面或版权页上有"X内资准字"出现为准（如：《电力人力资源》，为"京内资准字9908–L0825"）。

"学术会议上发表"必须要有学术会议主办部门的证明页。

"著作"审查以有正规的出版社为准。佐证材料要求著作封面、版权页、编委页、目录页、正文节选、出版单位出具的字数证明。

注：论文、著作、技术报告等审查要求：

（1）论文类提供：期刊（公开出版的会议论文集）封面、版权页、目录页、论文正文、SCI（EI）检索证明。

（2）著作类提供：封面、版权页、编委页（本人角色页）、目录页、正文节选。

（3）教材或技术手册类提供：封面、版权页、编委页（本人角色页）、目录页、正文节选。

（4）技术报告类提供：正式颁布的标准、导则、规范、规程封面、正文节选、本人角色页等。

（5）研究报告、项目报告等代表性成果提供：研究、项目、报告等成果封面、正文节选、本人角色页等，相关单位出具的成果应用证明。专业技术负责人的证明（或鉴定意见），证明内容包括申报人员在整个项目中参与完成的角色，参与程度，项目中具体承担工作的重要性等，并由项目负责人或技术负责人签字，项目完成单位盖章。

9. 破格申请

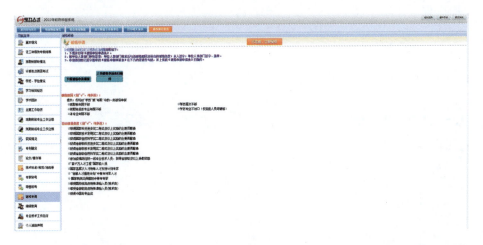

注：破格申报人员需下载打印《破格申请申报表》，单位人事部门核准后勾选破格原因及符合的破格条款，并完成报表签字、盖章工作。破格申报人员将签字盖章的《破格申请申报表》扫描后在申报系统中上传，纸

质版原件作为申报材料提交。

单位需提供申报人员疫情防控一线工作情况相关证明（包括工作具体内容及成效），并报省公司级单位人事部门审核、盖章。申报人员将签字盖章的"证明"扫描后在申报系统中上传，纸质版原件作为申报材料提交。

疫情防控一线专业技术人员获得省部级及以上表彰奖励，可破格申报高一级别的职称。申报人员在"获奖情况"栏目中对相应奖励进行填报，并提供《破格申请申报表》，需按照"破格申报人员"流程完成相关工作。

10. 继续教育

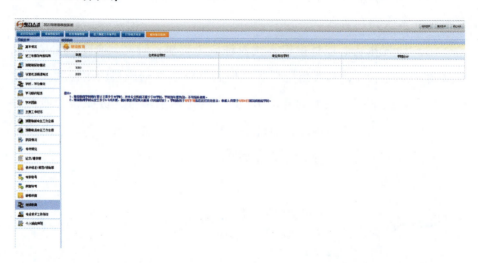

11.专业技术工作总结

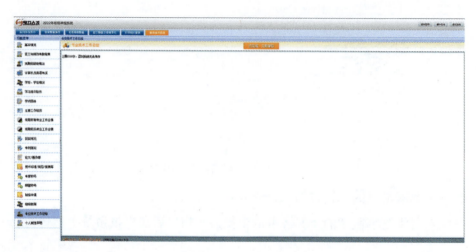

注：指取得现专业技术资格后的个人工作总结，系统字数上限 2000 字。

12. 个人诚信说明

注：申报者需提交"个人诚信声明"，对填报内容及提交材料真实性、准确性负责，如有不实之处，本人需承担相应责任。实行学术造假"一票否决制"，对申报人员弄虚作假等违规违纪行为严肃处理，撤销其取得的职称，原则上 3 年不得申报，情节严重的，追究相关责任。

（四）检查及提交数据

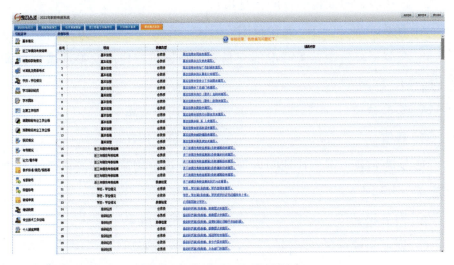

检查填报数据，确认所有信息无误后再提交。

第六节 题 库

（一）单项选择题

1. 社会积累基金中最主要的部分是（　　）。

A. 社会保障基金　　　　　　　　B. 国家管理基金

C. 社会后备基金　　　　　　　　D. 扩大生产基金

2. 关于税收的无偿性的说法，正确的是（　　）。

A. 税收的无偿性是指国家在征税时并不向纳税人支付任何报酬

B. 税收无偿性是绝对的，因为对具体纳税人而言，纳税后并未获得任何报酬

C. 税收同国家债务、收费和信贷分配一样具有无偿性特征

D. 税收无偿性是指所征税款归国家所有，有时也直接返还给原纳税人

3. 税法规定的征税的目的物是指（　　）。

A. 课税对象　　B. 课税范围　　C. 纳税人　　　D. 税率

4. 在公平交易中熟悉情况的交易双方自愿进行资产交换或者债务清偿的金额，称为（　　）。

A. 公允价值　　　　　　　　　　B. 历史成本

C. 现值　　　　　　　　　　　　D. 可变现净值

5. 反映企业一定会计期间内现金和现金等价物流入和流出的会计概念是（　　）。

A. 财务状况　　　　　　　　　　B. 经营成果

C. 现金流量　　　　　　　　　　D. 权益变动

6. 在概率抽样中，每隔一定距离抽选一个被调查者的抽样方法是

（　　）。

　　A. 分层抽样　　　B. 系统抽样　　　C. 整群抽样　　　D. 判断抽样

　　7. 关于账户式资产负债表格式的说法，错误的是（　　）。

　　A. 资产负债表分为左右两方

　　B. 资产项目按照资产流动性大小排列

　　C. 资产负债表右方为资产项目

　　D. 负债和所有者权益项目一般按照求偿权顺序排列

　　8. 商业银行是经营货币信用业务的特殊企业，在社会再生产过程中发挥着特殊的作用，它最基本的职能是（　　）。

　　A. 信用中介　　　B. 信用创造　　　C. 金融服务　　　D. 支付中介

　　9. 下列统计数据类型中，由定序尺度计量形成的是（　　）。

　　A. 分类数据　　　B. 顺序数据　　　C. 数值型数据　　　D. 定量数据

　　10. 下列情形导致的民事纠纷中，诉讼时效为 4 年的是（　　）。

　　A. 身体受到伤害要求赔偿

　　B. 拒付租金

　　C. 寄存财物损毁要求赔偿

　　D. 因国际货物买卖和技术进出口合同发生纠纷

　　11. 政府发行国债的时间、规模、种类、期限应根据政府财政资金状况和经济社会发展的需要来确定，这表明政府债务具有（　　）的特征。

　　A. 强制性　　　B. 自愿性　　　C. 固定性　　　D. 灵活性

　　12. 下列数据特征的测度中，属于位置平均数的是（　　）。

　　A. 几何平均数　　　　　　　　B. 算术平均数

　　C. 众数　　　　　　　　　　　D. 极差

　　13. 下列经济指标中，作为国民收入的来源和国民收入分配起点的是（　　）。

　　A. 企业利润总额　　　　　　　B. 国内生产总值

　　C. 国家财政收入　　　　　　　D. 工农业总产值

14. 社会主义市场经济体制，坚持以（　　　）为方针。

A. 政府为主制定和管理市场价格

B. 公有制为主体，多种经济成分共同发展

C. 完全由市场自发调节

D. 政府调控的着眼点以实现收入分配公平为目标

15. 凝结在商品中的一般人类劳动的量的是（　　　）。

A. 商品的价值量　　　　　　　　B. 私人劳动

C. 社会劳动　　　　　　　　　　D. 具体劳动

16. 部门预算在基本框架上，由一般预算和（　　　）组成。

A. 多年预算　　　　　　　　　　B. 基金预算

C. 零基预算　　　　　　　　　　D. 规划预算

17. 政府预算执行的情况只有通过编制（　　　）才能准确反映出来。

A. 政府预算草案　　　　　　　　B. 财政收支报告

C. 政府决算　　　　　　　　　　D. 部门预算

18. 由定距尺度和定比尺度计量形成的统计数据是（　　　）。

A. 分类数据　　　　　　　　　　B. 数值型数据

C. 顺序数据　　　　　　　　　　D. 定性数据

19. 整个法治建设的基础和前提是（　　　）。

A. 严密的法治监督体系　　　　　B. 完备的法律规范体系

C. 高效的法治实施体系　　　　　D. 有力的法治保障系统

20. 根据《中华人民共和国仲裁法》的规定，当事人提出证据证明裁决所依据的证据是伪造的，可以自收到仲裁裁决书之日起（　　　）个月内向仲裁委员会所在地的中级人民法院申请撤销仲裁裁决。

A. 1　　　　　　B. 3　　　　　　C. 6　　　　　　D. 9

21. 关于现阶段我国中央银行主要职能的说法，错误的是（　　　）。

A. 制定和执行货币政策　　　　　B. 维护金融稳定

C. 办理工商信贷和储蓄业务　　　D. 提供金融服务

22. 社会主义宏观经济调控的基本目标是（　　　）。

A. 实现充分就业和收入分配公平

B. 保持经济总量平衡和经济结构优化

C. 保持物价总水平基本稳定

D. 保持经济适度增长

23. 生产全球化使发展中国家有可能通过跨国公司产生的（　　　）促进本国生产力水平的提升。

A. "挤出效应"　　　　　　　B. "半岛效应"

C. "溢出效应"　　　　　　　D. "连带效应"

24. 涉外经济的开展有时会给一国经济带来一定程度的风险，这种风险归根结底源于（　　　）。

A. 国际市场的不稳定性

B. 国内风险管理不完善

C. 国内与国际行事作风的差异性

D. 国内市场对国际市场的依赖性

25. 李某向某商业银行借款 100 万元，年利率为 5%，以复利计算，2 年后应偿还本息共计（　　　）万元。

A. 110.50　　　B. 110.25　　　C. 150.00　　　D. 200.50

26. 据某汽车厂的统计数据显示，2015 年该企业年销售汽车 200 万辆，年末库存汽车为 7 万辆，则关于年销售量和年末库存量的说法，正确的是（　　　）。

A. 前者是时点指标，后者是时期指标

B. 均为时期指标

C. 前者是时期指标，后者是时点指标

D. 均为时点指标

27. 将产业结构划分为资本密集型、劳动密集型和技术密集型的依据是（　　　）。

A. 产业的规模

B. 产业对不同生产要素的依赖程度

C. 产业在国民经济中的地位

D. 产业的内部组织结构

28. 关于统计分组的说法，正确的是（　　　）。

A. 组数的确定，要尽量保证组间资料的差异性与组内资料的同质性

B. 对于变量值较少的离散变量，通常采用组距分组

C. 统计分组时习惯上规定"下组限不在内"

D. 组距与组数成正比关系，组数越多，组距越大

29. 社会主义市场经济是指在社会主义公有制基础上，使市场在国家宏观调控下对资源配置起（　　　）作用的经济体制。

A. 统治性　　　　B. 决定性　　　　C. 辅助性　　　　D. 基础性

30. 货币的本质是（　　　）。

A. 交换手段　　　　　　　　　　B. 交换媒介

C. 金银　　　　　　　　　　　　D. 固定地充当一般等价物的商品

31. 市场规则中，（　　　）能保证各市场主体能够在平等基础上充分展开竞争。

A. 市场进入规则　　　　　　　　B. 市场交易规则

C. 市场竞争规则　　　　　　　　D. 市场价格规则

32. 在现代企业制度的财产关系中，法人财产权指的是（　　　）。

A. 财产的归属权　　　　　　　　B. 财产的运营权

C. 出资者的决策权　　　　　　　D. 出资者的受益权

33. 在其他因素不变的条件下，如果一国政府在社会保障政策上降低保障标准，则其财政支出占国内生产总值的比重的变化情况是（　　　）。

A. 相对提高　　　　　　　　　　B. 保持不变

C. 上下波动　　　　　　　　　　D. 相对下降

34. 在社会主义初级阶段，必须坚持（　　　）的收入分配制度。

A. 按劳分配

B. 按生产要素分配

C. 按劳分配为主体，各种生产要素按贡献参与分配，多种分配方式并存

D. 按需分配为主体，多种分配方式并存

35. 股份有限公司的权力机构是（　　　）。

A. 股东大会　　　　B. 董事会　　　　C. 监事会　　　　D. 经理层

36. 财政收入政策和财政支出政策的主要任务是（　　　）。

A. 刺激总供给

B. 刺激总需求

C. 保持经济总量的基本平衡

D. 调节社会总供给和总需求的基本平衡

37. 纯公共物品消费上的非排他性特征表现为（　　　）。

A. 增加一个人消费的边际供给成本等于零

B. 排除一个额外的消费者在技术上不可行

C. 增加一个人的消费并不增加任何额外成本

D. 增加一个人消费的边际供给成本大于零

38. 影响财政支出规模的经济发展因素不包括（　　　）。

A. 国内生产总值　　　　　　　B. 国民文化水平

C. 经济效益　　　　　　　　　D. 国民收入

39. 财政拨款收入、事业收入、事业单位经营收入等属于（　　　）。

A. 一般收入预算　　　　　　　B. 基金收入预算

C. 经营预算　　　　　　　　　D. 公共财政收入预算

40. 小李是一名 17 岁的中学生，暑假期间，她利用勤工俭学的机会挣得了一笔零花钱。关于小李民事行为能力的说法，正确的是（　　　）。

A. 小李应当视为完全民事行为能力人

B. 小李属于无民事行为能力人

C. 小李属于完全民事行为能力人

D. 小李属于限制民事行为能力人

41. 主要依靠科技进步及提高劳动者素质来增加和提高社会产品的数量和质量的经济增长方式属于（　　）经济增长方式。

A. 要素投入型

B. 粗放型

C. 供给推动型

D. 集约型

42. 甲企业向乙企业提供价值 3000 万元的商品，乙企业承诺分 12 个月偿付货款。甲、乙企业之间的这种信用形式为（　　）。

A. 银行信用　　B. 消费信用　　C. 商业信用　　D. 间接信用

43. 若实际利率为 7%，同期通货膨胀率为 9%，则名义利率应为（　　）。

A. 16%　　　　B. 7%　　　　C. 2%　　　　D. −2%

44. 下列事由中，可能导致诉讼时效中止的是（　　）。

A. 当事人移民

B. 当事人发生意外坠亡

C. 当事人生病住院

D. 当事人依法拘留

45. 下列选项中，属于社会消费基金的是（　　）。

A. 扩大生产基金

B. 社会保障基金

C. 社会后备基金

D. 非生产性基本建设基金

46. 在金融市场上，最大的买方和卖方通常都是（　　）。

A. 政府　　　　B. 个人　　　　C. 金融机构　　D. 企业

47. 下列产业分类方法中，能够比较全面地反映包括非物质生产部门在内的整个国民经济各部门发展状况和相互关系的是（　　）。

A. 生产要素密集程度分类法

B. 三次产业分类法

C. 两大部类分类法

D. 企业规模分类法

48. 在宏观经济调控中，中央银行的最高行为准则是（　　）。

A.《中华人民共和国中国人民银行法》

B. 财政政策调控目标

C. 经济稳定增长

D. 货币政策调控目标

49. 我国的财政收入形式中，教育费附加属于（　　　）。

A. 专项收入　　　　　　　B. 国有资产收益

C. 税收　　　　　　　　　D. 政府收费

50. 下列金融市场中，属于资本市场的是（　　　）。

A. 票据市场　　　　　　　B. 投资基金市场

C. 同业拆借市场　　　　　D. 短期债券市场

51. 人口按性别分为男、女，所采用的计量尺度是（　　　）。

A. 定类尺度　　B. 定比尺度　　C. 数量尺度　　D. 定序尺度

52. 根据《中华人民共和国民事诉讼法》的规定，下列关于督促程序的表述中，正确的是（　　　）。

A. 督促程序是一种非讼的特别程序

B. 督促程序适用于债权人请求债务人交付房产的案件

C. 支付令的送达可以采用公告送达的方式

D. 支付令异议的提出，可以采用口头形式

53. 一组数据的算术平均数为 20，离散系数为 0.4，则该组数据的标准差为（　　　）。

A. 50　　　　　B. 8　　　　　C. 0.02　　　　D. 4

54. 关于国家垄断资本主义说法正确的是（　　　）。

A. 加剧了社会经济矛盾和阶级矛盾

B. 破坏了资本主义的经济秩序

C. 维护了垄断统治并保证获得稳定的高额利润

D. 维护了劳动人民的利益

55. 根据《中华人民共和国民事诉讼法》的规定，人民法院审理案件，原告经传票传唤，无正当理由拒不到庭的，可以（　　　）。

A. 裁定驳回起诉　　　　　B. 按撤诉处理

C. 缺席判决　　　　　　　　　　D. 拘传到庭

56. 人类社会生产的最终目的和动力是（　　）。

A. 生产　　　　　B. 消费　　　　　C. 交换　　　　　D. 分配

57. 国家垄断资本主义的基本特征是（　　）。

A. 国家通过立法控制非垄断企业的数量

B. 国家将垄断性行业收归国有

C. 国家对垄断企业实行价格保护

D. 国家对社会经济活动进行全面干预和调节

58. 关于货币制度的说法，错误的是（　　）。

A. 规定货币材料是货币制度最基本的内容

B. 我国人民币制度属于金本位制

C. 货币制度要规定本位币的名称

D. 本位币是一个国家的基本通货和法定的计价结算货币

59. 将某单位在职职工年龄数据分为 4 组，各组的组限依次为："20～30""30～40""40～50"和"50～60"。按照统计分组的习惯规定，50 这一数值应计算在（　　）这一组中。

A. "20～30"　　　　　　　　　　B. "30～40"

C. "40～50"　　　　　　　　　　D. "50～60"

60. 通过调查大庆油田、胜利油田、辽河油田了解我国石油生产的基本情况，这种调查方式是（　　）。

A. 典型调查　　B. 重点调查　　C. 抽样调查　　D. 普查

61. 审判解释和检查解释有原则性分歧时，应报请（　　）解释或决定。

A. 全国人民代表大会常务委员会

B. 最高人民法院

C. 国务院

D. 全国人民代表大会

62. 征信是指债权人对债务人的（　　）进行调查。

A. 还款能力　　　B. 借款情况　　　C. 家庭情况　　　D. 社会关系

63. （　　）原则是指民事主体从事民事活动，应当有利于节约资源、保护生态环境。

A. 合法　　　　B. 公平　　　　C. 绿色　　　　D. 平等自愿

64. 会计凭证按（　　）分类，分为原始凭证和记账凭证。

A. 编制程序和用途　　　　　　B. 形成来源

C. 反映方式　　　　　　　　　D. 填制方式

65. 人民法院在审理行政诉讼案件时，认为被诉具体行政行为违法而改变该具体行政行为的权力是（　　）。

A. 驳回权　　　　　　　　　　B. 调解权

C. 举证权　　　　　　　　　　D. 司法变更权

66. 我国预算法规定，中央预算调整方案必须提请（　　）审查和批准。

A. 财政部　　　　　　　　　　B. 国务院

C. 全国人民代表大会常务委员会　D. 全国人民代表大会

67. 主要供应短期资金、解决短期内资金余缺的市场是（　　）。

A. 货币市场　　　　　　　　　B. 资本市场

C. 股票市场　　　　　　　　　D. 债券市场

68. 根据《中华人民共和国民事诉讼法》的规定，不可以上诉的判决有（　　）。

A. 地方各级人民法院适用普通程序审理后作出的第一审判决

B. 地方各级人民法院适用简易程序审理后作出的第一审判决

C. 按照第一审程序对案件再审作出的判决

D. 第二审法院的判决

69. 三次产业分类法中的第二次产业是指（　　）。

A. 用自然界本来就存在着的劳动对象进行生产的初级产品的生产

部门

B. 对初级产品进一步加工的生产部门，主要是指各类制造业部门

C. 不生产物质产品而只提供服务的部门，即广义的服务业

D. 商业、交通运输业、邮电通信业、金融保险业、房地产业等

70. 外资经济是指"三资企业"中的外资部分，是属于资本主义性质的经济成分。（　　）不属于"三资企业"。

A. 外商独资企业　　　　　　　B. 中外合资经营企业

C. 注册地在国外的中国企业　　D. 中外合作经营企业

71. 通过满足员工的需要而使其努力工作，从而帮助组织实现目标的过程是（　　）。

A. 组织　　　　　　　　　　　B. 激励

C. 控制　　　　　　　　　　　D. 强化

72. 关于马斯洛的需要层次理论，以下表述错误的是（　　）。

A. 获得良好的人际关系属于归属和爱的需要

B. 自尊心、成就感、受重视属于内在尊重

C. 地位、认同属于外在尊重

D. 自我实现的需要属于高级需要，主要靠内在因素满足

73. 忽视下属的需要和情境因素的领导理论是（　　）。

A. 特质理论　　　　　　　　　B. 变革型领导理论

C. 魅力型领导理论　　　　　　D. 权变理论

74. 关于绩效薪金制度的说法，错误的是（　　）。

A. 绩效薪金制中的绩效包括个人绩效、部门绩效和组织绩效

B. 绩效薪金制的实施必须以公平、量化的绩效评估体系为基础

C. 绩效薪金制同期望理论关系比较密切

D. 绩效薪金制可能会增加管理成本

75. 使用"最不喜欢的工作伙伴"量表测量领导风格的是（　　）。

A. 权变理论

B. 魅力型领导理论

C. 路径－目标理论

D. 领导－成员交换理论

76. 罗伯特·豪斯提出的路径－目标理论中，表述正确的是（　　）。

A. 指导式领导适合结构化工作的下属

B. 参与式领导适合经验多、能力强的下属

C. 主动征求并采纳下属的意见，属于支持型领导

D. 让员工明确别人对他的期望、成功绩效的标准和工作程序，属于指导式领导

77. 关于俄亥俄与密歇根模式，下列表述正确的是（　　）。

A. 密歇根模式发现生产取向的领导风格与团队高绩效和员工高满足感相关

B. 俄亥俄模式认为关心人和工作管理得分都高的领导与高绩效和高工作满意度相关

C. 密歇根模式的员工取向是指领导者强调工作技术和任务进度，关心工作目标的达成

D. 俄亥俄模式与密歇根模式在维度的数量和性质上不同，不能互相印证

78. 各管理层次、部门在权力和责任方面的分工和相互关系，属于（　　）。

A. 职能结构　　　B. 层次结构　　　C. 部门结构　　　D. 职权结构

79. 关于组织结构的特征因素，表述错误的是（　　）。

A. 规范化是指员工以同种方式完成相似工作的程度

B. 组织中采用书面文件的数量可以反映其制度化的程度

C. 职业化是指组织各职能工作分工的精细程度

D. 关键职能是指在组织结构中处于中心地位、具有较大职责和权限的职能部门

80. "各部门和各类人员实行专业分工，有利于管理人员注重并能熟练掌握本职工作的技能，有利于强化专业管理，提高工作效率"是（　　）组织形式的优点。

A. 行政层级式 　　　　　　　B. 矩阵式

C. 事业部制 　　　　　　　　D. 职能制

81. 俱乐部型组织的组织文化特点，不包括（　　）。

A. 资历 　　　　　　　　　　B. 适应和忠诚

C. 革新 　　　　　　　　　　D. 年龄和经验

82. 关于传统的组织发展方法，表述错误的是（　　）。

A. 敏感性训练是通过无结构小组的交互作用方式来改善行为的方法，团体注重的是相互作用的过程，而不是讨论的结果

B. 调查反馈可以用来评估组织成员的态度，了解员工在认识上的差异，通常以问卷的形式

C. 质量圈是员工参与计划的一种形式

D. 团际发展旨在化解和改变员工之间的态度、成见和观念，以改善员工间的相互关系

83. 如果企业想要在战略性人力资源管理方面取得成功，组织的人力资源管理者必须具备的，不包括（　　）。

A. 参与组织战略规划的制定过程

B. 知道何种类型的员工技能、行为以及态度能够支持组织的战略目标达成

C. 将工作重点放在以成本为导向而不是以服务为导向上

D. 掌握与组织的战略性目标有关的一些特定知识

84. 解决一个组织如何取得成长和发展，同时在不利环境下又如何收缩和巩固问题的战略属于（　　）层次。

A. 竞争战略 　　　　　　　　B. 职能战略

C. 组织战略 　　　　　　　　D. 经营战略

85. 采用稳定战略的组织，其相应的人力资源管理战略不正确的是（　　）。

A. 以稳定已经掌握相关工作技能的员工队伍为出发点

B. 员工重新配置的工作压力比较大

C. 注重管理手段的规范性、一致性和内部公平性

D. 薪酬的决策基础主要是员工所从事的工作本身

86. 到底什么才是人才管理中的"人才"，以下表述错误的是（　　）。

A. 人才不是抽象的，更不是绝对的

B. 对人才评价的重点在于绩效和潜力两个方面

C. 绩效关注的是现在，而潜力关注的是未来

D. 人才不仅仅是组织中最优秀的少数员工，还包括那些构成员工队伍大多数的有能力且绩效稳定的员工

87. 人力资源需求预测的影响因素中，属于组织战略因素的是（　　）。

A. 国际贸易环境的变化　　　　　B. 组织进入一个新的业务领域

C. 生产的自动　　　　　　　　　D. 组织的流程再造

88.（　　）是根据一个组织的雇佣水平在最近若干年的总体变化趋势，来预测组织在未来某一时期人力资源需求数量的方法。

A. 比率分析法　　　　　　　　　B. 回归分析法

C. 马尔科夫分析法　　　　　　　D. 趋势预测法

89. 在人力资源供求平衡的基本对策中，无论是在供小于求、供大于求，还是在供求结构不匹配的情况下，（　　）是都会被采用的一种对策。

A. 职位调动　　　　　　　　　　B. 人员培训

C. 技术创新　　　　　　　　　　D. 职位分享

90. 某公司在组织内实施了裁员，但并未达到预期效果，其中的原因不包括（　　）。

A. 企业在裁员中裁掉了对于企业来说非常重要的员工

B. 由于管理不当可能产生长期的负面作用，导致人才流失

C. 在裁员中侥幸留在企业里的员工对企业心存感激，更加积极工作

D. 与裁员相联系的负面公众印象有损企业在劳动力市场上的形象，影响企业日后招募新员工

91. 分半信度和同质性信度同属于（   ）。

A. 复本信度   B. 内部一致性信度

C. 重测信度   D. 评价者信度

92. 一个存在争议并且与效度相关的概念是（   ）。

A. 内容效度   B. 效标效度

C. 构想效度   D. 同时效度

93.（   ）是指组织根据某种特定的先后顺序，安排组织中的若干人员对同一位被面试者进行多轮面试，最后再将所有面试考官独立得出的面试结果加以汇总，从而最终得出面试结论。

A. 小组面试   B. 系列面试

C. 集体面试   D. 单独面试

94. "绩效计划的内容、形式、指标的设定要充分考虑到不同职位的特点"，这一陈述体现的制定原则是（   ）。

A. 战略相关性原则   B. 系统化原则

C. 职位特色原则   D. 突出重点原则

95. 关于有效的绩效管理的说法，错误的是（   ）。

A. 绩效管理体系的实用性是指建立和维护成本要小于绩效管理体系带来的收益

B. 绩效管理体系的敏感性是指可以明确地区分高效率员工和低效率员工

C. 绩效管理体系的准确性是指可以通过把工作标准和组织目标联系起来确定绩效的好坏

D. 绩效管理体系只要满足准确性、敏感性和实用性，就可以认为它是有效的

（二）多项选择题

1. 在会计核算中，企业会计信息质量的及时性要求包含的内容有（　　）。

A. 在经济业务发生后及时收集整理各种原始单据

B. 在国家统一的会计制度规定期限内，及时编制出财务会计报告

C. 在国家统一的会计制度规定时限内，及时将编制出的财务会计报告传递给财务会计报告使用者

D. 会计核算方法和程序前后各期保持一致

E. 在财务会计报告中充分、准确地进行披露

2. 我国的行政复议基本制度主要有（　　）。

A. 一级复议制度

B. 书面复议制度

C. 依法复议不调解制度

D. 复议不停止执行制度

E. 申请人承担举证责任的制度

3. 商业银行向消费者提供消费贷款，这种信用形式属于（　　）。

A. 国家信用　　　　　　　　B. 银行信用

C. 消费信用　　　　　　　　D. 商业信用

E. 直接信用

4. 根据《中华人民共和国民事诉讼法》，实行一审终审的案件不包括（　　）。

A. 适用特别程序审理的案

B. 涉及商业秘密的案件

C. 适用公示催告程序审理的案件

D. 适用企业法人破产还债程序审理的案件

E. 高级人民法院直接受理的案件

5. 开放型经济与外向型经济的不同点是（　　）。

A. 开放型经济以出口导向为主，总体上是一种政策性开放

B. 外向型经济以出口导向为主，总体上是一种政策性开放

C. 开放型经济主要降低关税壁垒

D. 开放型经济主要提高资本自由流动程度

E. 开放型经济总体上实行中性化政策，是一种政策性开放

6. 与抽样调查相比，普查的特点有（　　）。

A. 时效性强

B. 使用范围比较窄

C. 通常是一次性的或周期性的

D. 规定统一的标准调查时间

E. 经济性

7. 会计的基本职能包括（　　）。

A. 会计分析　　　　　　　　B. 会计监督

C. 会计预算　　　　　　　　D. 会计核算

E. 会计审计

8. 在我国社会主义市场经济条件下，财政具有（　　）职能。

A. 资源配置　　　　　　　　B. 收入分配

C. 经济稳定和发展　　　　　D. 促进经济发展

E. 充分就业

9. 下列各项中，属于资本主义国家推行的缓和工人阶级和资产阶级矛盾的措施的有（　　）。

A. 吸收工人参与企业管理　　B. 推行职工持股计划

C. 禁止工人参与企业管理　　D. 建立社会福利制度

E. 大力推行选举制度

10. 按所反映的内容或数值表现形式划分，统计指标可分为（　　）。

A. 分类指标　　　　　　　　B. 总量指标

C. 相对指标   D. 顺序指标

E. 平均指标

11. 根据《中华人民共和国民事诉讼法》的规定，中级人民法院管辖的第一审民事案件有（   ）。

A. 重大的涉外案件

B. 在本辖区有重大影响的案件

C. 最高人民法院确定由中级人民法院管辖的案件

D. 在全国有重大影响的案件

E. 辖区内涉及外国人的案件

12. 甲地的某商贸公司委托乙地的某船舶运输公司从甲地往乙地运输一批货物，并签订水上运输合同，但货物在由甲地运往乙地的途中，因船舶公司失误导致货物损失，为此商贸公司对船舶公司提起诉讼，则对此合同纠纷有管辖权的人民法院是（   ）。

A. 甲地人民法院   B. 乙地人民法院

C. 事故发生地人民法院   D. 船舶最先到达地人民法院

E. 签订合同地人民法院

13. 限制民事行为能力人可以从事的民事活动有（   ）。

A. 受赠予   B. 继承遗产

C. 房屋买卖   D. 委托代理

E. 接受奖励

14. 下列市场经济组织中，应对自身债务承担无限责任的是（   ）。

A. 个体工商户   B. 股份有限公司

C. 个人独资公司   D. 国有独资公司

E. 合伙制企业

15. 财政收入分为经常性收入和临时性收入，在下列选项中，（   ）属于经常性收入。

A. 税收收入   B. 国债收入

C. 行政性收费　　　　　　　　D. 出卖公产收入

E. 罚款收入

16. 下列金融工具中，属于衍生金融工具的有（　　）。

A. 期货　　　　　B. 期权　　　　　C. 互换　　　　　D. 债券

E. 票据

17. 股份有限公司的特点有（　　）。

A 资本总额均分为每股金额相等的股份

B 股东可以转让股票，也可以退股

C 东人数只有下限，没有上限

D 定期向社会公开其财务状况

E 股票可以在社会上公开发行

18. 在现代企业制度的财产关系中，出资者享有的所有者权益有（　　）。

A. 资产收益权　　　　　　　　B. 重大决策权

C. 经营管理权　　　　　　　　D. 招聘员工的权利

E. 选择管理者的权利

19. 全面建成多层次社会保障体系应当坚持的方针包括（　　）。

A. 覆盖　　　　　B. 保基本　　　　　C. 多层次　　　　　D. 可持续

E. 减范围

20. 下列政府财政支出中，属于购买性支出的有（　　）。

A. 赠支出　　　　　　　　　　B. 对企事业单位的补贴

C. 商品和服务支出　　　　　　D. 对个人和家庭的补助

E. 公共投资支出

21. 一种货币成为自由外汇必须具备的特征包括（　　）。

A. 普遍接受性　　　　　　　　B. 外币性

C. 区域性　　　　　　　　　　D. 收益性

E. 可兑换性

22. 下列关于财务会计报告的说法，正确的有（　　　）。

A. 可以将日常会计核算资料集中起来，反映单位的一部分经济活动

B. 可以将日常会计核算资料集中起来，全面、概括地反映单位的经济活动全貌

C. 可以向财务会计报告使用者传递关于单位财务状况、经营成果和现金流量的有用信息

D. 有助于财务会计报告使用者作出经济决策

E. 财务会计报告使用者包括单位管理层、投资者、债权人、政府及其有关部门，但不包括社会公众

23. 财政公平包括（　　　）。

A. 起点公平　　　　　　　　B. 过程公平

C. 经济公平　　　　　　　　D. 社会公平

E. 分配公平

24. 我国规定外汇包括（　　　）。

A. 外国钞票　　　　　　　　B. 外国铸币

C. 外币有价证券　　　　　　D. 外币支付凭证

E. 普通提款权

25. 在国际收支平衡表上，属于资本与金融账户的项目有（　　　）。

A. 侨汇　　　　B. 无偿捐赠　　　　C. 投资捐赠　　　　D. 储备资产

E. 直接投资

26. 2016 年年末，全国共有基层医疗卫生机构 93.1 万个，其中乡镇卫生院 3.7 万个，社区卫生服务中心（站）3.5 万个，门诊部（所）21.7 万个，村卫生室 64.2 万个。这一组数据可以通过绘制（　　　）来显示。

A. 条形图　　　　　　　　　B. 累积频数分布图

C. 圆形图　　　　　　　　　D. 直方图

E. 折线图

27. 关于监护人的说法，正确的有（　　　）。

A. 未成年人法定的第一顺序监护人是其父母

B. 精神病人法定的第一顺序监护人是其配偶

C. 监护人应当保护被监护人的人身、财产及其他合法权益

D. 人民法院在任何情况下都不能撤销法定监护人的资格

E. 监护人不履行监护职责的应当承担法律责任

28. 全面调查的形式有（　　）。

A. 典型调查 　　　　　　　　B. 全面统计报表

C. 抽样调查 　　　　　　　　D. 重点调查

E. 普查

29. "影子银行"引发系统性风险的主要因素包括（　　）。

A. 期限错配 　　　　　　　　B. 流动性转换

C. 信用转换 　　　　　　　　D. 税收减少

E. 高杠杆

30. 对产业进行分类时，经常采用的方法有（　　）。

A. 投资规模分类法 　　　　　B. 两大部类分类法

C. 消费结构分类法 　　　　　D. 三次产业分类法

E. 生产要素密集程度分类法

31. 下列抽样方法中，属于概率抽样的有（　　）。

A. 简单随机抽样 　　　　　　B. 分层抽样

C. 整群抽样 　　　　　　　　D. 等距抽样

E. 配额抽样

32. 民法的基本原则不包括（　　）。

A. 平等原则 　　　　　　　　B. 公开原则

C. 公平原则 　　　　　　　　D. 绿色原则

E. 合理性原则

33. 在党的十八大报告中进一步强调，为适应经济全球化的新趋势，必须（　　）。

A. 实行更加积极主动的开放战略

B. 完善互利共赢、多元共赢、安全高效的开放型经济体系

C. 把经济总量提升到世界第一

D. 不顾生态环境，牺牲一切代价

E. 完全接受国外的经济发展模式，并且运用到我们国家的经济体制当中

34. 对于企业来说，会计报表主要有（　　　）。

A. 资产负债表　　　　　　　　B. 利润表

C. 现金流量表　　　　　　　　D. 所有者权益变动情况表

E. 发票表格

35. 社会主义初级阶段的非公有制经济主要有（　　　）。

A. 股份制经济　　　　　　　　B. 个体经济

C. 私营经济　　　　　　　　　D. 外资经济

E. 股份合作制经济

第七节　答案与解析

（一）单项选择题答案与解析

1. 答案：D

解析： 在社会主义经济建设中，积累基金是由扩大生产基金、非生产性基本建设基金和社会后备基金三部分构成的。在积累基金中，扩大生产基金是最主要的部分，所占比重较大。

2. 答案：A

解析： 税收的无偿性是指国家在征税时并不向纳税人支付任何报酬，所征税款归国家所有，不再直接发还给原纳税人。税收的无偿性特征，同

国家债务、收费和信贷分配具有的偿还性特征相区别。税收无偿性是相对的，因为对具体纳税人而言，纳税后并未获得任何报酬，从这个意义上来讲税收不具有偿还性或返还性；但如果从财政活动的整体看，税收是对财政提供公共物品和服务成本的补偿，这表明税收又具有有偿性的一面。

3. 答案：A

解析： 课税对象亦称征收对象，是税法规定的课税的目的物，是课税的依据或根据。

4. 答案：A

解析： 公允价值是指在公平交易中，熟悉情况的交易双方自愿进行资产交换或者债务清偿的金额。

5. 答案：C

解析： 现金流量是指一定会计期间内企业现金和现金等价物的流入和流出。

6. 答案：B

解析： 系统抽样又称等距抽样，是在样本框中每隔一定距离抽选一个被调查者。

7. 答案：C

解析： 账户式资产负债表分为左右两方，左方为资产项目，按照资产流动性大小排列；右方为负债和所有者权益项目，一般按照求偿权顺序排列。

8. 答案：A

解析： 信用中介是银行最基本的职能。

9. 答案：B

解析： 按照所采用的计量尺度，可以将统计数据分为分类数据、顺序数据和数值型数据。分类数据是由定类尺度计量形成的，表现为类别，通常用文字表述，但不区分顺序。顺序数据是由定序尺度计量形成的，表现为类别，通常用文字表述，但有顺序。数值型数据是由定距尺度和定比尺

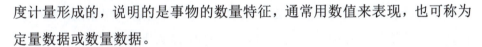

度计量形成的，说明的是事物的数量特征，通常用数值来表现，也可称为定量数据或数量数据。

10. 答案：D

解析：《中华人民共和国合同法》第一百二十九条规定，因国际货物买卖和技术进出口合同发生纠纷，要求保护权利的诉讼时效期间为 4 年。

11. 答案：D

解析：政府债务的灵活性，即政府发行国债的时间、规模、种类、期限等，是由政府根据财政资金状况和经济社会发展的需要确定的。

12. 答案：C

解析：位置平均数是指按数据的大小顺序或出现频数的多少，确定的集中趋势的代表值，主要有众数、中位数等。

13. 答案：B

解析：目前，世界各国更加普遍地使用国内生产总值（GDP）的总量指标，往往把国内生产总值作为国民收入的来源，也作为国民收入分配的起点。

14. 答案：B

解析：社会主义市场经济体制的基本模式，必须坚持和完善以公有制为主体、多种经济成分共同发展的方针，进一步转变国有企业经营机制，建立适应市场经济要求，产权清晰、权责明确、政企分开、管理科学的现代企业制度。

15. 答案：A

解析：商品的价值是质和量的统一。既然商品的价值表现为一般人类劳动的凝结，商品的价值量就是凝结在商品中的一般人类劳动的量。

16. 答案：B

解析：在基本框架上，部门预算由一般预算和基金预算组成。在一般预算和基金预算两类预算下，又分为收入预算和支出预算。

17. 答案：C

解析：政府决算，是指经法定程序由同级人民代表大会批准的年度政

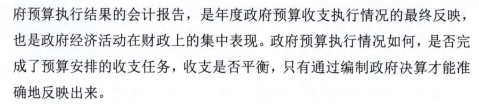

府预算执行结果的会计报告，是年度政府预算收支执行情况的最终反映，也是政府经济活动在财政上的集中表现。政府预算执行情况如何，是否完成了预算安排的收支任务，收支是否平衡，只有通过编制政府决算才能准确地反映出来。

18. 答案：B

解析：按照所采用的计量尺度，可以将统计数据分为分类数据、顺序数据和数值型数据。其中，分类数据是由定类尺度计量形成的；顺序数据是由定序尺度计量形成的；数值型数据（也可称为定量数据或数量数据）是由定距尺度和定比尺度计量形成的。

19. 答案：B

解析：完备的法律规范体系是整个法治建设的基础和前提。只有具备完善的法律制度体系，才能实现依法治国的根本目标。

20. 答案：C

解析：根据《中华人民共和国仲裁法》的规定，当事人提出证据证明裁决所依据的证据是伪造的，可以自收到仲裁裁决书之日起 6 个月内向仲裁委员会所在地的中级人民法院申请撤销仲裁裁决。

21. 答案：C

解析：中央银行的主要职能包括：① 制定和执行货币政策；② 维护金融稳定；③ 提供金融服务。

22. 答案：B

解析：宏观经济调控目标是由宏观调控任务决定的，它是由若干具体目标组成的一个目标体系。保持经济总量平衡和经济结构优化是社会主义宏观经济调控的基本目标。

23. 答案：C

解析：生产全球化使发展中国家有可能通过跨国公司产生的"溢出效应"促进本国生产力水平的提升。

24. 答案：D

解析：涉外经济的开展在促进一国经济走向世界市场的同时，也会给

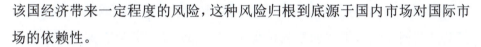

该国经济带来一定程度的风险，这种风险归根到底源于国内市场对国际市场的依赖性。

25. 答案： B

解析： 复利计息，即在每期届满时，将应得利息加入本金再计息的方式。则 2 年后应偿还的本息为 100×（1＋5%）2＝110.25（万元）。

26. 答案： C

解析： 年销售量反映客观现象在 1 年内的总量，可以累计相加，故属于时期指标；年末库存量反映客观现象在年末这一时点上的总量，不可以累计相加，故属于时点指标。

27. 答案： B

解析： 生产要素密集程度分类法。即根据不同的产业在生产过程中对不同生产要素的依赖程度，将产业划分为资本密集型产业、劳动密集型产业、技术密集型产业等。

28. 答案： A

解析： 单变量值分组是把每一个变量值作为一组，这种分组方法通常只适合于离散变量且变量值较少的情况。选项 B 错误。为解决"不重"的问题，统计分组时习惯上规定"上组限不在内"，即当相邻两组的上下限重叠时，恰好等于某一组上限的观察值不算在本组内，而计算在下一组内。选项 C 错误。组距与组数成反比关系，组数越多，组距越小。选项 D 错误。

29. 答案： B

解析： 社会主义市场经济，是指在社会主义公有制基础上，使市场在社会主义国家宏观调控下对资源配置起决定性作用的经济体制。

30. 答案： D

解析： 价值形式的发展过程，揭示了货币的本质是固定地充当一般等价物的商品，体现着商品生产者之间的社会经济关系。

31. 答案： C

解析：市场规则的主要内容有：① 市场进入规则，即关于市场主体及其经营商品进入市场的规范和准则；② 市场交易规则，即关于市场交易行为的规范和准则；③ 市场竞争规则，即保证各市场主体能够在平等基础上充分展开竞争的法律规定和行为准则。

32. 答案：B

解析：法人财产权，是指企业法人依照法律、法规对企业实际拥有的财产的直接占有权、使用权和处置权，法人财产权指的是财产运营权。

33. 答案：D

解析：社会保障支出是财政支出的一部分，保障标准降低说明保障支出绝对量减少，财政支出相应减少。

34. 答案：C

解析：在社会主义初级阶段必须坚持按劳分配为主体，各种生产要素按贡献参与分配，多种分配方式并存的收入分配制度。

35. 答案：A

解析：股东大会是股份有限公司的权力机构，负责制定和修改公司章程，选举和更换董事和监事会的成员，审议和批准公司的预算、决算、收益分配等重大事项，所有者对企业拥有最终控制权。

36. 答案：D

解析：财政政策是由财政收入、财政支出、预算平衡、国家债务等方面的政策构成的财政政策体系。财政收入政策的主要内容是由税种和税率所构成的税收政策，财政支出政策的主要内容是政府的各项预算拨款政策。财政收入政策和财政支出政策的主要任务是调节社会总供给和总需求的基本平衡。

37. 答案：B

解析：非排他性是指一种公共物品一旦被提供出来，要排除一个额外的消费者在技术上是不可行的，或者尽管技术上的排他是可行的，然而这样做的成本过高。

38. 答案：B

解析：影响财政支出规模的主要因素有：① 经济发展因素；② 政治因素；③ 经济体制制度因素；④ 社会因素。其中，经济发展因素主要有国内生产总值、经济效益、国民收入等。

39. 答案：A

解析：部门预算由一般预算和基金预算组成。在一般预算和基金预算两类预算下，又分为收入预算和支出预算。其中，一般收入预算包括财政拨款收入、事业收入、事业单位经营收入、其他收入等。

40. 答案：D

解析：我国公民的民事行为能力分为完全民事行为能力、限制民事行为能力、无民事行为能力 3 类。小李未满 18 周岁，且不能以自己的劳动收入为主要生活来源，应属于限制民事行为能力人。

41. 答案：D

解析：集约型增长，是指主要依靠科技进步和提高劳动者素质来增加社会产品数量和提高产品质量、推动经济增长的方式。

42. 答案：C

解析：商业信用有两种表现形式：① 企业之间相互提供的、与商品的生产和流通有关的信用，包括赊销、预付和分期付款等形式；② 企业直接向社会集资，以解决自身扩大再生产的资金需要，主要是采取发行公司（企业）债券的形式。

43. 答案：A

解析：名义利率是包括通货膨胀风险因素的利率，名义利率＝实际利率＋通货膨胀率＝7%＋9%＝16%。

44. 答案：B

解析：根据《民法总则》的规定，在诉讼时效期间的最后 6 个月内。因不可抗力或者其他障碍不能行使请求权的，诉讼时效中止。不可抗力是指当事人不能预见、不能避免并不能克服的客观情况。选项 B 属于不可抗力的情况。

45. 答案：B

解析： 在社会主义经济建设中，积累基金是由扩大生产基金、非生产性基本建设基金和社会后备基金三部分构成的。消费基金由社会消费基金和个人消费基金两部分构成。社会消费基金分为国家管理基金、文教卫生基金、社会保障基金三个部分。

46. 答案：C

解析： 金融机构是金融市场最特殊的参与者和交易中介机构，它们是金融市场上最大的买方和卖方，它们的买和卖最终是为了金融市场其他参加者的买和卖。

47. 答案：B

解析： "三次产业"是第一次产业、第二次产业、第三次产业的简称。三次产业分类法能够比较全面地反映包括非物质生产部门在内的整个国民经济各部门的发展状况和相互关系。

48. 答案：D

解析： 货币政策调控目标是指通过货币政策的制定和实施所期望达到的最终目的，是中央银行的最高行为准则。

49. 答案：A

解析： 专项收入是指根据特定需要由国务院或者经国务院授权由财政部批准设置、征集并纳入预算管理的有专项用途的收入，如教育费附加、矿产资源补偿费收入、排污费收入等。

50. 答案：B

解析： 资本市场是指期限在 1 年以上的金融资产交易市场。通常资本市场主要指的是股票市场、长期债券市场与投资基金市场等。票据市场、同业拆借市场与短期债券市场属于货币市场。

51. 答案：A

解析： 定类尺度是最粗略、计量层次最低的计量尺度，它是按照客观现象的某种属性对其进行分类或分组，各类各组之间的关系是并列、平等而且互相排斥的。如人口按性别分为男、女，一个人要么是男，要么是女，只能属于其中一类。

52. 答案：A

解析：督促程序是一种非讼的特别程序，适用于债权人请求债务人支付金钱、有价证券的案件；支付令的送达应采用直接送达、留置送达等法定送达方式；支付令异议的提出，应采用书面形式，口头异议无效。

53. 答案：B

解析：离散系数通常是就标准差来计算的，因此也称标准差系数，它是一组数据的标准差与其相应的算术平均数之比，则该组数据的标准差 $= 20 \times 0.4 = 8$。

54. 答案：C

解析：国家垄断资本主义无论采用何种方式干预和调节经济，其实质都是垄断资本利用国家政权的力量，缓和社会经济矛盾和阶级矛盾，维护垄断资本的利益和资本主义经济秩序，从而维护其垄断统治并保证获得稳定的高额利润。

55. 答案：B

解析：根据《中华人民共和国民事诉讼法》的规定，原告经传票传唤，无正当理由拒不到庭的，或者未经法庭许可中途退庭的，可以按撤诉处理；被告反诉的，可以缺席判决。被告经传票传唤，无正当理由拒不到庭的，或者未经法庭许可中途退庭的，可以缺席判决。

56. 答案：B

解析：在社会生产过程中，生产和分配、交换、消费之间存在着相互联系、相互制约的辩证关系。其中，生产是起决定作用的环节，它决定着分配、交换、消费的对象、方式、数量和性质；分配和交换是联结生产和消费的桥梁与纽带，对生产和消费起着重要的影响作用；消费是最终目的和动力。

57. 答案：D

解析：国家垄断资本主义是指垄断资本和国家政权融合在一起的资本主义。其基本特征是国家对社会经济活动进行全面干预和调节，是资本主义生产关系适应生产力发展而做的局部调整。

58. 答案：B

解析：在不兑现的信用货币流通条件下，国家不再规定单位货币的含金量，纸币成为流通中商品价值的符号，纸币币值以流通中商品的价值为基础，这就是目前世界各国所普遍实行的纸币本位制，如我国的人民币制度就属于纸币本位制。

59. 答案：D

解析：采用组距分组，需要遵循"不重不漏"的原则。"不重"是指一项观察值只能分在其中的某一组，不能在其他组重复出现。"不漏"是指组别能够穷尽，即在所分的全部组别中每项数据都能分在其中的某一组，不能遗漏。为解决"不重"的问题，统计分组时习惯上规定"上组限不在内"，即当相邻两组的上下限重叠时，恰好等于某一组上限的观察值不算在本组内，而计算在下一组内。在本题中，50 这一数值不计算在"40～50"这一组中，而计算在"50～60"这一组中。

60. 答案：B

解析：重点调查是在所要调查的总体中选择一部分重点单位进行的调查。重点调查所选择的重点单位虽然只是全部单位中的一部分，但就调查的标志值来说在总体中占绝大比重，调查这一部分单位的情况，能够大致反映被调查对象的基本情况。当调查目的只要求了解基本状况和发展趋势，不要求掌握全面数据，而调查少数重点单位就能满足需要时，采用重点调查就比较适宜。因此，对为了解我国石油生产的基本情况选取的几大具有影响力的油田进行重点调查比较适宜。

61. 答案：A

解析：审判解释和检察解释有原则性分歧时，应报请全国人民代表大会常务委员会解释或决定。

62. 答案：A

解析：征信是债权人对债务人还款能力的调查。

63. 答案：C

解析：绿色原则是指民事主体从事民事活动。应当有利于节约资源、保护生态环境。

64. 答案：A

解析：会计凭证按其编制程序和用途的不同可以分为原始凭证和记账凭证。

65. 答案：D

解析：司法变更权是指人民法院对被诉具体行政行为经过审理后，认为该具体行政行为违法而改变该具体行政行为的权利。

66. 答案：C

解析：中央预算调整方案必须提请全国人民代表大会常务委员会审查和批准。未经批准，不得调整预算。

67. 答案：A

解析：货币市场主要供应短期资金，解决短期内资金余缺。

68. 答案：D

解析：本题考查《中华人民共和国民事诉讼法》关于上诉的规定。第二审法院的判决、裁定是终审的判决、裁定，当事人不得再上诉。

69. 答案：B

解析：第二次产业是指对初级产品进一步加工的生产部门，主要是指各种制造业部门。按照国家统计局对三次产业的划分，第二产业为工业和建筑业，其中工业包括采矿业，制造业，电力、热力、燃气及水生产和供应业。

70. 答案：C

解析：所谓"三资企业"，是指外商独资企业、中外合资经营企业和中外合作经营企业。

71. 答案：B

解析：考查激励的概念。激励是指通过满足员工的需要而使其努力工作，从而帮助组织实现目标的过程。

72. 答案：B

解析：考查需要层次理论的主要内容和观点。尊重的需要分为内在尊重和外在尊重，内在尊重包括自尊心、自主权、成就感等需要，外在尊重包括地位、认同、受重视，选项B错误。

73. 答案：A

解析：特质理论的不足表现在以下几个方面：忽视下属的需要；没有指明各种特质之间的相对重要性；忽视了情地因素；没有区分原因和结果。

74. 答案：D

解析：绩效薪金制可以减少管理者的工作量，因为员工为了获得更高的薪金会自发地努力工作，而不需要管理者的监督。

考核知识点：绩效薪金制

75. 答案：A

解析：权变理论中，为了测量一个人的领导风格属于工作取向还是关系取向，费德勒发明了"最不喜欢的工作伙伴"量表。

76. 答案：D

解析：指导式领导适合外控型下属；支持型领导适合结构化工作的下属；参与式领导适合内控型下属；成就取向型领导适合经验多、能力强的下属，选项AB错误；主动征求并采纳下属的意见，属于参与式领导，选项C错误。

考核知识点：路径－目标理论

77. 答案：B

解析：密歇根模式发现员工取向的领导风格与团队高绩效和员工高满足感相关，选项A错误；密歇根模式的生产取向是指领导者强调工作技术和任务进度，关心工作目标的达成，选项 C 错误；俄亥俄模式与密歇根模式在维度的数量和性质上极为相似，极具对比研究的意义，选项 D 错误。

考核知识点：俄亥俄与密歇根模式

78. 答案：D

解析：职权结构是指各管理层次、部门在权力和责任方面的分工和相互关系。

考核知识点：组织设计概述

79. 答案：C

解析：专业化指组织各职能工作分工的精细程度；职业化程度是指企业员工为了掌握其本职工作，需要接受正规教育和培训的程度。

考核知识点：组织设计概述

80. 答案：D

解析：职能制的其中一项优点是各部门和各类人员实行专业分工。专业化分工有利于管理人员注重并能熟练掌握本职工作的技能，有利于强化专业管理，提高工作效率，选项 D 正确。

81. 答案：C

解析：俱乐部型组织非常重视适应、忠诚感和承诺。在俱乐部型组织中，资历是关键因素，年龄和经验都至关重要。棒球队型组织鼓励冒险和革新，选项 C 错误。

考核知识点：组织文化的类型

82. 答案：D

解析：团际发展旨在化解和改变团队之间的态度、成见和观念，以改善团队间的相互关系，选项 D 错误。

考核知识点：组织发展概述

83. 答案：C

解析：如果企业想要在战略性人力资源管理方面取得成功，组织的人力资源管理者必须努力做到：第一，参与组织战略规划的制定过程。第二，掌握与组织的战略性目标有关的一些特定知识。第三，知道何种类型的员工技能、行为以及态度能够支持组织的战略目标达成。第四，制定具体的人力资源管理方案来确保员工具备实施组织战略所需要的这些技能、行为以及态度。作为战略性人力资源管理必须贯彻的重要思想，应当以利润为导向，而不是从以服务为导向的观点出发，选项 C 错误。

考核知识点：战略性人力资源管理与战略管理

84. 答案：C

解析：组织战略主要回答到哪里去竞争的问题。它解决一个组织如何取得成长和发展，同时在不利环境下又如何收缩和巩固的问题。

85. 答案：B

解析：员工重新配置的工作压力比较大，属于外部成长战略，选项 B 错误。

考核知识点：人力资源战略及其与组织发展战略的匹配

86. 答案：C

解析：绩效关注的是过去和现在，而潜力关注的是未来，选项 C 错误。

考核知识点：高绩效工作系统与人才管理

87. 答案：B

解析：人力资源需求预测的影响因素包括组织战略、产品和服务、技术、组织变革。选项 A 属于产品和服务；选项 C 属于技术；选项 D 属于组织变革。

88. 答案：D

解析：考查趋势预测法的概念。趋势预测法实际上是一种简单的时间序列分析法。它是根据一个组织的雇佣水平在最近若干年的总体变化趋势，来预测组织在未来某一时期人力资源需求数量的方法。

考核知识点：人力资源需求预测

89. 答案：B

解析：当需求大于供给时，可以通过加强员工培训提高员工的工作效率；当需求小于供给时，可以对富余员工进行培训，为未来的发展做好人力资源储备；当需求与供给结构性不匹配时，加强对现有人员的培训开发，以使他们能够胜任当前尤其是未来的工作。

90. 答案：C

解析：选项 C 正确的表述应该是，那些在裁员中侥幸得以留在企业里的员工会对企业心存戒备，由于员工对自己未来在企业中的晋升以及职业前途感到不确定，所以他们的工作积极性可能会大幅下降，而且许多员工随时在准备寻找其他更好的就业机会。

考核知识点：人力资源供求平衡的方法分析

91. 答案：B

解析：内部一致性信度考察了同一项测试中的若干题目是否确实都是在测量同一个内容或特质，一种很好的测试工具必须具有很好的内部一致性。内部一致性信度包括分半信度和同质性信度。

92. 答案：C

解析：构想效度是一个存在争议的概念。因为有些构想效度非常模糊，缺乏一致性定义。

93. 答案：B

解析：考查系列面试的概念。系列面试又称顺序面试，是指组织根据某种特定的先后顺序，安排组织中的若干人员对同一位被面试者进行多轮面试，最后再将所有面试考官独立得出的面试结果加以汇总，从而最终得出面试结论。

考核知识点：面试

94. 答案：C

解析：职位特色原则是指绩效计划的内容、形式、指标的设定要充分考虑到不同职位的特点。

95. 答案：D

解析：有效的绩效管理特征包括敏感性、可靠性、准确性、可接受性、实用性。绩效管理体系只要满足准确性、可靠性和敏感性，就可以认为它是有效的。

考核知识点：绩效管理的概念、作用、特征及影响因素

（二）多项选择题答案及解析

1. 答案：A，B，C

解析：在会计核算中，企业会计信息质量的及时性要求包含的内容有：① 在经济业务发生后，及时收集整理各种原始单据；② 在国家统一的会计制度规定期限内及时编制出财务会计报告；③ 在国家统一的会计制度规定时限内，及时将编制出的财务会计报告传递给财务会计报告使用者。

2. 答案：A，B，C，D

解析：我国的行政复议基本制度主要有：① 一级复议制度；② 书面复议制度；③ 依法复议不调解制度；④ 复议不停止执行制度；⑤ 被申请人承担举证责任的制度。

3. 答案：B，C

解析：银行信用是指银行通过存、放款形式的业务活动所提供的信用；消费信用是指工商企业或银行以商品或货币的形式向个人消费者提供的信用。

4. 答案：B，E

解析：适用特别程序、督促程序、公示催告程序和企业法人破产还债程序审理的案件，实行一审终审。

5. 答案：B，C，D

解析：开放型经济与外向型经济的不同点在于：外向型经济以出口导向为主，总体上是一种政策性开放；而开放型经济则以降低关税壁垒和提

高资本自由流动程度为主。总体上实行中性化政策，是一种制度性开放。

6. 答案：B，C，D

解析：普查的特点包括：① 普查通常是一次性的或周期性的；② 普查一般需要规定统一的标准调查时间，以避免调查数据的重复或遗漏，保证普查结果的准确性；③ 普查的数据一般比较准确，规范化程度也比较高，通常可以为抽样调查或其他调查提供基本依据；④ 普查的使用范围比较窄，只能调查一些最基本及特定的现象。

7. 答案：B，D

解析：会计的职能，是指会计在经济管理中所具有的功能。会计的基本职能包括进行会计核算和会计监督两个方面。

8. 答案：A，B，C

解析：在我国社会主义市场经济条件下，财政具有资源配置职能、收入分配职能、经济稳定和发展职能。

9. 答案：A，B，D

解析：当代资本主义国家在不损害资产阶级根本利益的情况下，推行了一系列社会改良的措施，使工人阶级和资产阶级的矛盾相对缓和。这些措施有：吸收工人参与企业管理、推行职工持股计划、建立社会福利制度等。

10. 答案：B，C，E

解析：统计指标按其所反映的内容或其数值表现形式，可分为总量指标、相对指标和平均指标三种。

11. 答案：A，B，C

解析：中级人民法院管辖的第一审民事案件有：① 重大的涉外案件；② 在本辖区有重大影响的案件；③ 最高人民法院确定由中级人民法院管辖的案件。

12. 答案：A，B

解析：根据《中华人民共和国民事诉讼法》的规定，因铁路、公路、水上、航空运输和联合运输合同纠纷提起的诉讼，由运输始发地、目的地或被告住所地法院管辖。

13. **答案**：A，B，E

解析：限制民事行为能力人可以从事单纯受益性质的民事活动，如接受奖励、接受赠与或者遗赠、继承财产等。

14. **答案**：A，C，E

解析：选项 A，以其个人或家庭的财产对其债务承担无限责任。选项 C，投资人以其个人财产对企业债务承担无限责任的经营实体。选项 E，对合伙企业债务承担无限连带责任的营利性组织。

15. **答案**：A，C

解析：按取得收入稳定程度分类，可将财政收入分为经常性收入和临时性收入。其中，经常性收入一般是指每个财政年度都能连续不断、稳定取得的收入，如各种税收收入、经常性的收费收入等。

16. **答案**：A，B，C

解析：本题考查衍生金融工具的种类。衍生金融工具的种类主要有期货、期权和互换。

17. **答案**：A，D，E

解析：股份有限公司的特点是：其资本总额均分为每股金额相等的股份，根据股票数量计算股东权益；股票可在社会上公开发行，经批准可以上市交易，股票可以依法转让；定期向社会公开其资产负债、经营损益等财务状况。

注：股份有限公司是指由 2 人以上 200 人以下发起人（其中须有半数以上的发起人在中国境内有住所）通过发起设立或募集设立的方式所设立。有上限也有下限，C 项不选。

18. **答案**：A，B，E

解析：财产所有权是指出资者按投入企业的资本额享有所有者的权益，即资产收益（选项 A 正确）、重大决策（选项 B 正确）和选择管理者

（选项 E 正确）的权利；而法人财产权是指企业法人依照法律、法规对企业实际拥有的财产的直接占有权、使用权和处置权。财产所有权指的是财产的归属权，法人财产权指的是财产运营权。选项 C、D：企业的出资人既可以是国家或其授权的投资机构，也可以是法人和自然人，出资人享有资产收益、参与企业重大决策、聘选经营管理者和依法转让股权等项权利；但是题干中的前提条件是"财产关系"，选项 C、D 不属于财产关系。

19. 答案：A，B，C，D

解析：全面建成多层次社会保障体系，就是要坚持全覆盖、保基本、多层次、可持续的基本方针。

20. 答案：C，E

解析：政府发生购买性支出时，作为与政府发生商品或服务交换关系的企业或家庭从政府手中获得资金的同时，必须将自己手中的商品和服务交给政府，如政府采购支出。

21. 答案：A，B，E

解析：外汇，是指以外币表示的，可用于清偿国际间债权债务的支付手段。外汇的 3 个特征包括：① 外币性；② 可兑换性；③ 普遍接受性。

22. 答案：B，C，D

解析：财务会计报告，是指企业对外提供的反映企业在某一特定日期财务状况和某一会计期间经营成果、现金流量的文件。会计主体通过定期编制财务会计报告，可以将日常会计核算资料集中起来，进行归类、整理，全面、概括地反映单位的经济活动全貌，向财务会计报告使用者传递关于单位财务状况、经营成果和现金流量的有用信息，有助于财务会计报告使用者作出经济决策。财务会计报告使用者包括单位管理层、投资者、债权人、政府及其有关部门和社会公众等。

23. 答案：A，B，C，D

解析：财政公平包括起点公平、过程公平和结果公平，也包括经济公平和社会公平。

24．答案： A，B，C，D

解析： 本题考查外汇的定义。根据《中华人民共和国外汇管理条例》，外汇包括：① 外币现钞（纸币和铸币）；② 外币支付凭证或者支付工具；③ 外币有价证券；④ 特别提款权；⑤ 其他外汇资产。

25．答案： C，D，E

解析： 资本与金融账户记录资本在国际间的流动，包括资本账户和金融账户。资本账户包括资本转移和非生产、非金融资产交易。资本转移主要包括固定资产转移、债务减免、移民转移和投资捐赠等。非生产、非金融资产交易是指不是生产出来的有形资产（土地和地下资源）和无形资产（专利、版权、商标和经销权）的所有权转移。金融账户记录的是一经济体对外资产负债变更的交易，包括直接投资、证券投资、其他投资和储备资产四类。侨汇和无偿捐赠属于经常账户的项目。

26．答案： A，C

解析： 本题中涉及的数据为分类数据，而分类数据的图示主要包括条形图和圆形图。

27．答案： A，B，C，E

解析： 监护是指对无民事行为能力人、限制民事行为能力人的人身、财产及其他合法权益进行保护的法律制度。未成年人法定的第一顺序监护人是其父母；精神病人法定的第一顺序监护人是其配偶。监护人必须依法履行监护的职责，对监护人依法行使监护权利的，任何组织或个人均无权干涉。监护人应当履行的监护职责主要包括：① 保护被监护人人身、财产及其他合法权益；② 担任被监护人的法定代理人；③ 教育和照顾被监护人，监护人不履行监护职责或者侵害被监护人的合法权益的，应当承担法律责任；给被监护人造成财产损失的，应当赔偿损失。人民法院可以根据有关人员或者有关单位的申请，撤销监护人的资格。

28．**答案**：B，E

解析：全面调查是对构成调查对象的所有单位进行逐一的、无一遗漏的调查，包括全面统计报表和普查。

29．**答案**：A，B，C，E

解析：影子银行引发系统性风险的因素主要包括四个方面：期限错配、流动性转换、信用转换和高杠杆。

30．**答案**：B，D，E

解析：对产业进行分类时，经常采用的方法有两大部类分类法、三次产业分类法和生产要素密集程度分类法。

31．**答案**：A，B，C，D

解析：概率抽样是最理想、最科学的抽样方法，它能保证样本数据对总体参数的代表性，而且它能够将调查误差中的抽样误差限制在一定范围之内。但相对于非概率抽样来说，概率抽样也是花费较大的抽样方法。概率抽样的主要形式有简单随机抽样、分层抽样、整群抽样和等距抽样。

32．**答案**：B，E

解析：民法的基本原则包括：① 平等原则；② 自愿原则；③ 公平原则；④ 诚信原则；⑤ 守法和公序良俗原则；⑥ 绿色原则。

33．**答案**：A，B

解析：2012 年 11 月，党的十八大报告强调，为适应经济全球化的新趋势，必须实行更加积极主动的开放战略，完善互利共赢、多元共赢、安全高效的开放型经济体系；必须"全面提高开放型经济水平"。

34．**答案**：A，B，C，D

解析：会计报表是指企业以一定的会计方法和程序由会计账簿的数据整理得出，以表格的形式反映企业财务状况、经营成果和现金流量的书面文件，是财务会计报告的主体和核心。对于企业来说，会计报表包括资产负债表、利润表、现金流量表、所有者权益变动情况表以及相关附表。其中，相关附表是反映企业财务状况、经营成果和现金流量的补充报表，主要包括利润分配表以及国家统一会计制度规定的其他附表。

35. 答案：B，C，D

解析：我国现阶段的非公有制经济由个体经济、私营经济、外资经济所组成。还包括混合所有制经济中的非公有成分。

第五章

相 关 文 件 附 件

附：人力资源社会保障部关于深化经济专业人员职称制度改革的指导意见。

人力资源社会保障部关于深化经济专业人员
职称制度改革的指导意见

人社部发〔2019〕53号

各省、自治区、直辖市及新疆生产建设兵团人力资源社会保障厅（局），国务院各部委、各直属机构人事部门，各中央企业人事部门：

经济专业人员是专业技术人才队伍的重要组成部分，是推动我国经济高质量发展的重要力量。为贯彻落实中共中央办公厅、国务院办公厅印发的《关于深化职称制度改革的意见》，现就深化经济专业人员职称制度改革提出如下指导意见。

一、总体要求

（一）指导思想

以习近平新时代中国特色社会主义思想为指导，全面贯彻党的十九大和十九届二中、三中全会精神，认真落实党中央、国务院决策部署，按照建设现代化经济体系和深化职称制度改革总体要求，遵循经济领域人才资源开发规律，健全完善符合经济专业人员职业特点的职称制度，科学客观公正评价经济专业人员，释放经济专业人员创新创业活力，为推动我国经济高质量发展提供人才支撑。

（二）基本原则

1. 坚持服务发展。立足经济领域各行业特点，突出经济活动的职业属性和岗位要求，引导经济专业人员提高能力素质，提升职称评价与社会主义市场经济改革的契合度，促进实体经济、科技创新、现代金融与人力资源协同发展，不断增强我国经济创新力和竞争力。

2. 坚持科学评价。分级分类完善评价标准，突出专业水平和创新实践，克服唯学历、唯资历、唯论文、唯奖项倾向，发挥人才评价"指挥棒"作用，充分调动经济专业人员积极性、创造性。

3. 坚持继承与创新相结合。巩固经济领域人才评价改革成果，总结完善经济专业技术资格考试制度，健全经济专业人员职称制度体系，创新高级经济专业人员职称评价机制，加大对非公有制经济及新兴产业的人才支撑。

4. 坚持以用为本。围绕用好用活人才，加强职称评价的科学性和针对性，提高评价结果的公信力，促进职称制度与各类用人单位人事管理制度相衔接，做到以用促评、评用结合。

二、主要内容

通过健全制度体系、完善评价标准、创新评价机制、与人才使用相衔接、强化监督管理等措施，形成以品德、能力和业绩为导向，以社会和业内认可为核心，覆盖各类经济专业人员的职称制度。

（一）健全制度体系

1. 完善职称层级。经济专业人员职称设初级、中级、高级，初级职称只设助理级，高级职称分设副高级和正高级。初级、中级、副高级和正高级职称名称依次为助理经济师、经济师、高级经济师、正高级经济师。

为进一步体现专业属性，部分专业的职称名称直接以专业命名。人力资源管理专业的职称名称为助理人力资源管理师、人力资源管理师、高级人力资源管理师、正高级人力资源管理师。知识产权专业的职称名称为助理知识产权师、知识产权师、高级知识产权师、正高级知识产权师。其他专业在职称名称后标注，如经济师（金融）、经济师（财政与税收）等。

2. 动态调整专业设置。根据经济社会发展和职业分类要求，适时调整经济系列专业设置。对从业人员数量较大、评价需求稳定、发展良好的工商管理、金融、人力资源管理等专业，做好专业建设，持续稳定开展评价工作；对行业发展变化较大、评价需求不断缩减、从业人员数量较小的专业，及时调整或取消；在发展势头良好、评价需求旺盛的知识产权等领域，增设新的专业；对知识结构、岗位要求相近的专业，及时进行整合。实行全国统一考试的专业设置由国家统一公布。

3. 实现职称制度与职业资格制度有效衔接。专业技术人员取得经济专业技术资格、房地产估价师、拍卖师、资产评估师、税务师和工程咨询（投资）、土地登记代理、房地产经纪、银行业等领域相关职业资格，可对应经济系列相应层级的职称，并可作为申报高一级职称的条件。探索建立经济系列与会计、审计等属性相近职称系列（专业）的衔接措施，减少重复评价，减轻经济专业人员负担。

4. 经济专业人员各级别职称分别与事业单位专业技术岗位等级相对应。正高级对应专业技术岗位一～四级，副高级对应专业技术岗位五～七级，中级对应专业技术岗位八～十级，初级对应专业技术岗位十一～十三级。

（二）完善评价标准

1. 坚持德才兼备，以德为先。把经济专业人员职业道德放在评价首

115

位，引导经济专业人员遵纪守法、爱岗敬业。鼓励经济专业人员不断更新知识、创新思路，提高专业素养和业务能力，积极投身现代化经济体系建设。完善经济专业人员职称评价诚信体系建设，对存在学术造假等问题的经济专业人员实行"一票否决制"。通过弄虚作假、暗箱操作等取得的职称一律撤销。

2. 以专业能力为核心，分级分类完善评价标准。按照专业分类，科学确定评价内容，满足不同层级、不同行业经济专业人员的评价需求。初、中级职称注重考察专业基础知识和实务能力；高级职称注重考察理论素养和业绩水平，突出评价在经济社会发展中的创新引领作用和取得的经济效益、社会效益。

3. 实行国家标准、地区标准、单位标准相结合。人力资源社会保障部负责制定《经济专业人员职称评价基本标准条件》（附后）。各省（自治区、直辖市）可根据本地区经济社会发展情况，制定地区标准。具有自主评审权的用人单位可结合本单位实际，制定单位标准。地区标准、单位标准不得低于国家标准。

（三）创新评价机制

1. 丰富评价方式。经济专业人员初、中级实行以考代评的方式，不再进行相应的职称评审或认定。副高级采取考试与评审相结合方式，正高级一般采取评审方式。初级、中级、副高级考试由全国统一组织，统一科目、统一大纲。副高级和正高级职称评审坚持同行专家评议，综合运用成果展示、个人述职、履历分析、业绩考察等多种形式，确保客观公正。

2. 加强职称评审委员会建设。建立同行专家评审制度，积极吸纳财政、金融、工商管理等经济领域的权威专家，组建经济系列高级职称评审委员会。严格落实职称评审委员会核准备案制度。国务院有关部门和中央企业成立的高级职称评审委员会报人力资源社会保障部核准备案，其他高级职称评审委员会报省级人力资源社会保障部门核准备案。经济系列高级职称评审可按照国家公布的经济专业技术资格考试专业进行，也可按经营管理、财税金融、人力资源等专业类别，分类开展评审。

3. 推进社会化职称评审工作。畅通非公有制经济组织、社会组织、自由职业经济专业人员职称申报渠道。依托专业水平较高、具备较强服务能力和影响力、能够自律规范的专业化人才服务机构、行业协会学会等社会组织，吸纳非公有制经济领域同行专家组成评审委员会，开展经济系列社会化人才评价。

4. 向优秀经济专业人员和艰苦边远地区经济专业人员倾斜。对在创新经济活动方式、构建新业态、推动行业发展等方面做出重大贡献的经济专业人员，可适当放宽学历、资历等条件限制，建立职称评审绿色通道。对长期在艰苦边远地区和基层一线工作的经济专业人员，重点考察其实际工作业绩，适当放宽学历和科研能力要求，引导经济专业人员在基层一线建功立业。

（四）促进职称评价与人才使用有效衔接

1. 促进经济专业人员职称评价与使用相结合。实现职称评价与人员聘用、考核、晋升等用人制度相衔接，做到因事设岗、按岗择人、人岗相适。建立健全经济专业人员考核制度，加强聘后管理，在岗位聘用中实现人员能上能下。

2. 加强高级职称评审服务平台建设。鼓励各地、各有关部门建立完善经济系列高级职称评审服务平台，减少各类证明材料，简化审核程序，规范评审工作流程，提高评审工作效率，提供便捷服务。

（五）强化监督管理

1. 加强职称评价监管。各省（自治区、直辖市）人力资源社会保障部门要加强对经济专业人员职称工作的指导和监管，确保评价公开透明、公平公正。考试机构安全风险管控不力的，要严肃追责。不能正确行使评审权、不能确保评审质量的，要暂停评审工作、责令进行整改，直至收回评审权。

2. 探索建立职称申报评审诚信档案和失信黑名单制度。参评人员、工作人员、评审专家等有弄虚作假、暗箱操作等违法违规行为的，违规记录纳入信用信息共享平台，按专业技术人员信用信息管理有关规定实施联合惩戒。受到党纪、政务、行政处分的经济专业人员，在影响期内不得申报职称评审。

三、组织实施

（一）加强组织领导。经济专业人员职称制度改革是分类推进职称制度改革的重要内容，政策性强、涉及面广，各省（自治区、直辖市）人力资源社会保障部门要高度重视，加强领导，明确责任，与行业主管部门密切配合，确保经济专业人员职称制度改革平稳推进。各地在改革中要及时总结经验，出现新情况、新问题要及时研究解决，妥善处理好改革、发展和稳定的关系。

（二）稳慎推进改革。各省（自治区、直辖市）人力资源社会保障部门要结合本地区实际，落实好各项改革举措。对改革前各地自行试点评审的经济专业人员正高级职称，要按规定通过一定程序进行确认，具体办法由各地、各有关部门和单位另行制定。各层级职称评审工作严格按照本意见规定进行，不得随意降低评价标准条件、擅自扩大评审范围。

（三）做好宣传引导。各省（自治区、直辖市）人力资源社会保障部门要加强宣传引导，搞好政策解读，充分调动经济专业人员的积极性，引导广大经济专业人员积极支持和参与，营造有利于经济专业人员职称制度改革的良好氛围。

本指导意见适用于在企业、事业单位、社会团体、个体经济组织等组织中从事经济相关工作的专业技术人员。

附件：经济专业人员职称评价基本标准条件

人力资源社会保障部

2019 年 6 月 17 日

经济专业人员职称评价基本标准条件

一、遵守中华人民共和国宪法和法律法规，贯彻落实党和国家方针政策。

二、具有良好的职业道德、敬业精神。

三、热爱本职工作，认真履行岗位职责，按照要求参加继续教育。

四、经济专业人员申报各层级职称，除必须达到上述基本条件外，还应分别具备以下条件：

（一）助理经济师

1. 具有较系统的经济专业理论知识和业务技能。

2. 能够独立地对专项经济活动进行分析综合，提出建设性的意见。

3. 具备国家教育部门认可的高中毕业（含高中、中专、职高、技校）以上学历。

（二）经济师

1. 具有系统的经济专业理论知识，能够理解和正确执行国家有关方针、政策。

2. 有较丰富的经济工作实践经验，能够独立地解决较复杂的业务问题。

3. 工作业绩良好，取得一定的成果或经济效益。

4. 具备博士学位；或具备硕士学位，从事相关专业工作满 1 年；或具备第二学士学位或研究生班毕业，从事相关专业工作满 2 年；或具备大学本科学历或学士学位，从事相关专业工作满 4 年；或具备大学专科学历，从事相关专业工作满 6 年；或高中毕业或中等专业学校毕业，取得经济系列初级职称，从事相关专业工作满 10 年。

（三）高级经济师

1. 系统掌握经济工作专业理论、方法、技巧和相关政策法规。

2. 能够设计实施经济项目或经济活动方案，推动经济活动有序合规展开。

3. 工作业绩较为突出，能够指导助理经济师、经济师等参与经济工作的各类从业人员合理合规开展工作。

4. 有较强的理论研究能力，能够开展经济工作政策、实务研究，创新经营管理理念和专业方法。

5. 具备博士学位，取得经济师职称后，从事与经济师职责相关工作满 2 年；或具备硕士学位，或第二学士学位或研究生班毕业，或大学本科学历或学士学位，取得经济师职称后，从事与经济师职责相关工作满 5 年；或具备大学专科学历，取得经济师职称后，从事与经济师职责相关工作满 10 年。

（四）正高级经济师

1. 具有系统、深厚的专业理论和实务经验，熟悉与本专业相关的法律、法规或经济政策。

2. 熟练运用经济工作专业理论、方法、技巧和相关政策法规，高标准组织设计、实施和评估经济项目或活动方案，提升经济运行水平。

3. 工作业绩突出，能够指导助理经济师、经济师、高级经济师等参与经济工作的各类从业人员高效合规地开展工作，并通过专业督导，改进工作方法，提高本行业职业能力水平。

4. 具有较强的综合分析能力和解决经济活动中重大疑难问题的能力，能够针对具体经济问题，开展经济工作政策、理论与实务研究，创新经济经营管理理念和专业方法，为本行业（地区、部门）的经营管理政策的制定提出建设性意见。

5. 一般应具备大学本科及以上学历或学士以上学位，取得高级经济师职称后，从事与高级经济师职责相关工作满5年。

五、参加高级经济师、正高级经济师评审的经济专业人员，从事经济工作近5年内，满足以下条件之一的，同等条件下可予以优先考虑：

（一）主持大中型企业的中外投融资、企业改制、兼并重组、管理创新等项目，达到预期目标。

（二）主持省部级及以上基础设施建设项目设计、技术改造方案论证、可行性评估等，得到成功实施。

（三）主持制定的重点行业规划、重要经济政策规章、重大行业标准等，经主管部门批准或采纳，颁布实施后取得了良好的经济效益和社会效益。

（四）主持完成在经济领域内具有重大影响、得到有效应用的研究报告、项目报告、行业标准、发展规划等代表性成果。

（五）主持完成的经济领域相关研究项目、研究报告等，被省部级及以上单位采纳，并转化为实施方案。

（六）主持或作为主要成员参与政府或社会组织开展的重大经济活动，取得显著成绩。

（七）主持完成的经济研究成果获省部级及以上奖励。

（八）出版的本专业学术著作或发表的专业论文，在经济领域产生较大影响，受到同行专家公认。